Transformar los deseos en resultados

Fabrizio Cornalba

TRANSFORMAR LOS DESEOS EN RESULTADOS

dve
PUBLISHING

Para ponerse en contacto directamente con el autor:

Fabrizio Cornalba
Colors Time
Via Dante, 7
20069 Vaprio d'Adda MI
Tel.: 02 90.98.84.16
Correo electrónico: info@colorstime.com

Traducción de Isabel Sampere Sánchez.

Diseño de la cubierta de Studio Tallarini.

Ilustración de la cubierta de Antonio Tubino.

Ilustraciones de Michela Ameli.

© Editorial De Vecchi, S. A. 2019
© [2019] Confidential Concepts International Ltd., Ireland
Subsidiary company of Confidential Concepts Inc, USA
ISBN: 978-1-64461-441-9

Impreso bajo demanda gestionado por Bibliomanager

ÍNDICE

PRÓLOGO

¿Recuerda cómo se sintió la primera vez que le preguntaron delante de toda la clase? ¿Le resultó agradable? ¿Le pusieron buena nota? Cualquiera que fuera la emoción que sintió en ese momento, probablemente le haya marcado y le haya hecho amar u odiar la simple idea de hablar en público. ¿Es posible que un episodio tan lejano nos pueda hacer temblar las piernas, aún hoy, cuando debemos levantarnos frente a un grupo de personas para iniciar un discurso? Sin lugar a dudas, la respuesta es sí.

Personalmente me encontré en una situación parecida hace algunos años y recuerdo como si fuera hoy cómo me sentí: tenía que hacer una presentación durante una hora frente a un público desconocido y, ya algunos días antes de hacerla, el simple hecho de pensar en ello me aterrorizaba. Sabía que dominaba perfectamente la materia y que había preparado la presentación concienzudamente; sin embargo, la idea de estar de pie frente a toda esa gente me bloqueaba y era como si todo lo que había preparado hubiera desaparecido de mi mente. El hecho de saber que algunas personas se habían quedado en blanco aun conociendo a la perfección aquello que debían decir no me ayudaba en absoluto, porque yo quería hacer una buena presentación, o, todavía mejor, ¡una presentación excelente!

El fatídico día llegó y recuerdo que, mientras el orador que me precedía estaba terminando su presentación, yo estaba tranquilamente sentado esperando mi turno, hasta que me di cuenta de que tras pocos minutos tenía que hablar. Entonces, me quedé helado, me empezaron a temblar las piernas y el corazón se me disparó. «¡Dios, tengo que hacer algo!», me dije, y de repente pensé: «Sólo hay dos posibilidades: que todo vaya bien o que vaya perfecto». Esta idea me desbloqueó por completo. No sabía por qué, pero había funcionado, y al final la presentación fue todo un éxito.

Ese episodio me cambió la vida, desde entonces he hablado en público en numerosas ocasiones y, paralelamente, he ido estudiando y descubriendo diferentes instrumentos para el control emocional.

Mi intención, al escribir este libro, es compartirlos con usted. Le enseñaré varias técnicas. Es cierto que no puedo cambiar sus experiencias, pero le puedo dar algunos consejos para que en futuras ocasiones le vaya mejor. Todos deseamos mejorar, así es la naturaleza del ser humano, pero sólo pocos lo consiguen. Este libro se dirige a esas personas que han decidido aprender a gestionar de modo eficaz sus recursos físicos y mentales para hacer frente a los retos de la vida de un modo distinto.

Cada día nos encontramos ante situaciones inesperadas que debemos afrontar y, a menudo, no sabemos dónde encontrar los recursos necesarios para gestionarlas de la mejor manera. Si frente a estas situaciones difíciles no consigue sacar lo mejor de sí mismo y desea transformar lo que tiene dentro en resultados, este libro le ayudará a encontrar respuestas a sus problemas. El objetivo es, pues, ayudarle a gestionar mejor su estado de ánimo a la hora de afrontar situaciones en las que sea indispensable dar el máximo de sí mismo.

Se ha intentado tratar los argumentos con simplicidad, para permitir al lector que aprehenda los principios y las enseñanzas contenidos, con el fin de poderlos utilizar en la vida privada y profesional. A veces en la vida nos encontramos ante oportunidades importantes, pero, sin los recursos necesarios, no sabemos cómo afrontar, por ejemplo, la necesidad de hablar en público o de llamar a un cliente importante. Estas situaciones y muchas otras pueden, pues, incidir negativamente en el logro de nuestros objetivos. En muchas ocasiones, el éxito o el fracaso dependen de una sola palabra, de una frase, de un gesto, que permiten gestionar, en el momento oportuno y de la mejor manera posible, nuestras emociones. Recuerde: posee la capacidad necesaria para conseguir el éxito personal, sólo debe aprender a reconocerla y ponerla en práctica.

UN ENCUENTRO

En una ocasión me encontraba en Cachemira, al norte de India, en una *house boat*, una de esas casas flotantes que los lugareños utilizan como vivienda. Estaba sentado en la terraza de la embarcación observando embelesado aquel lugar: la vegetación era muy abundante y la superficie del agua estaba cubierta casi por completo de flores de loto.

De vez en cuando, bajo el agua, se vislumbraban carpas koi rojas y blancas moviéndose con gracia. La situación era verdaderamente encantadora: la calma era absoluta y el perfume de las flores lo envolvía todo, dando al ambiente una fragancia extraordinaria.

El aire era fresco y penetrante. De repente, un tucán salió de entre los árboles; era precioso, de color negro, con un gran pico amarillo y el plumaje alrededor de los ojos de un azul intenso.

Mientras lo admiraba, me asaltó una pregunta: «¿Qué hace aquí un tucán?». Verlo me sorprendió, porque el hábitat natural de los tucanes es América central y meridional.

¿Cómo podía haber llegado hasta ahí un ejemplar como ese?

Durante un largo rato me repetí la misma pregunta, hasta que al final decidí exteriorizarla y hacérsela al tucán, que reposaba en la rama de un árbol cercano. Lo que realmente quería saber era cómo podía mejorar mi comunicación con los demás y, sobre todo, cómo conseguir que mis clases fuesen más eficaces, por eso le pregunté: «¿Qué puedo hacer para comunicarme de un modo más eficaz?».

Para mi sorpresa, el tucán respondió y me dijo lo siguiente: «Piensa de forma inesperada: cuando estés con un hombre, háblale como si fuera una mujer, cuando estés con una mujer, háblale como si fuera un hombre, cuando estés con un niño, háblale como si fuera un adulto, cuando estés con un adulto, háblale como si fuera un niño; explora el otro lado de las cosas y descubrirás un mundo increíble». Las palabras del tucán se quedaron grabadas en mi mente y, cuando un minuto después me desperté, las apunté en un cuaderno. Sí, sólo había sido un sueño, pero para mí fue como una «revelación», porque encontré respuesta a algo que para mí era muy importante.

Quiero escribir este libro siguiendo el consejo del tucán, usando un lenguaje sencillo que pueda ser entendido incluso por los niños, el lenguaje de las imágenes. Por eso intentaré transformar los conceptos que le enseñaré en imágenes, de modo que pueda acceder a la misma modalidad de aprendizaje que los niños utilizan y que tanto les ayuda a crecer. Sólo le pido que no juzgue como pueril este modo de explicarme, porque usándolo podría redescubrir la determinación que tuvo cuando aprendió a caminar, superando las dificultades, insistiendo y alzándose cada vez, hasta que consiguió lo que más deseaba, caminar por sí mismo. Si desea volver a tener la fuerza de entonces y está dispuesto a intentarlo, no puedo hacer más que desearle un «buen viaje».

INTRODUCCIÓN:
UN VUELO EN GLOBO

UN VEHÍCULO MUY ESPECIAL

Imagine que mañana por la mañana se despierta: se levanta de la cama, va al baño, se ducha y luego va a la cocina para tomar un buen desayuno, se viste para ir al trabajo y se dirige hacia la puerta para salir. Con gran sorpresa, encuentra en su jardín un vehículo muy especial e insólito que le conducirá hasta el trabajo: hoy nada de coche, lo que tiene delante es un precioso globo aerostático.

Pero ¿por qué precisamente un globo? La respuesta es porque el globo funciona igual que nosotros. Pongámonos en marcha.

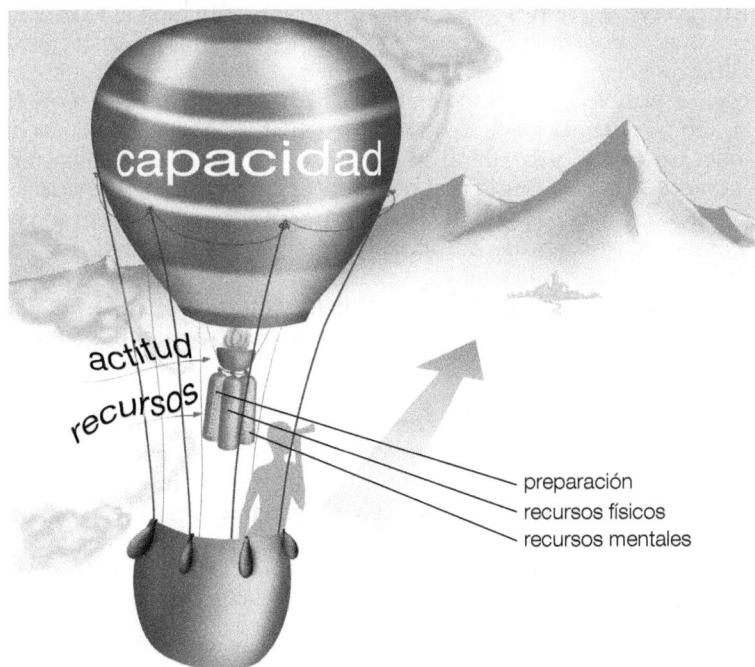

LA LLAMA

La **llama** que llena de aire caliente el globo representa nuestra actitud.

La llama

■ *A veces es tan «pequeña» que nos mantiene cla-
vados en el suelo.*
Pensemos en todas esas ocasiones en que el miedo
nos paraliza y nos impide llevar a la práctica aquello que sabemos que
podemos hacer, porque estamos influenciados por elementos externos. ¿Cuántas veces hemos visto en conferencias a personas con una
sólida preparación que no han soltado palabra? ¿O cuántas veces hemos preparado un buen discurso y luego, cuando nos hemos encontrado frente al auditorio, nos hemos olvidado de todo y no hemos
conseguido mostrar nuestra capacidad? A menudo, hay factores externos, como por ejemplo la presencia de público o de nuestro jefe,
que pueden llegar casi a extinguir la llama de la actitud.

■ *A veces es de «media intensidad», lo cual permite que el globo tome altura, aunque luego las corrientes de aire nos arrastren a lugares a los que no queríamos ir.*
En muchas ocasiones sabemos controlar bastante bien la situación,
pero, al encontrarnos con vientos fuertes o cualquier imprevisto,
acabamos lejos del lugar al que queríamos llegar. También en este
caso es posible citar como ejemplo la necesidad de hablar en público, no porque me guste de modo particular, sino porque es uno de
los mayores temores y también uno de los más extendidos. Naturalmente, se podrían poner muchos otros ejemplos, porque la vida so-
pla cada día vientos contrarios a nuestra ruta: se podría pensar, por
ejemplo, en una situación decisiva, como tirar un penalti durante
una final o pedir una cita importante.
En estas circunstancias la llama de la actitud resulta inesperada-
mente menos fuerte de lo que sería necesario para hacernos superar
el obstáculo.

■ *A veces es «grande», llena de aire caliente el globo y nos permite di-
rigirnos hacia nuestro objetivo.*
Esta es, sin duda alguna, la situación ideal: tener una actitud que
nos permita superar cada obstáculo y llegar a nuestras metas. El hecho de disponer de una llama vigorosa y constante no nos exime de
encontrar adversidades atmosféricas que intenten desviarnos
de nuestro recorrido, pero sí que, si se da el caso, nos proporciona

la fuerza suficiente para afrontar y superar las situaciones críticas. Las personas que han obtenido resultados brillantes también se han encontrado con dificultades e, incluso, han fracasado en alguna ocasión; sin embargo, justamente gracias a su gran llama al final han logrado el éxito y han demostrado su capacidad.

A propósito de esto, recuerdo el caso, hoy muy conocido, de Thomas Edison, que, después de «fracasar» muchísimas veces antes de inventar la bombilla e, incluso, sufrir un incendio en su laboratorio y perder el material que necesitaba para su investigación, fue capaz de mantener la llama bien encendida, demostrar su capacidad y, al final, realizar su sueño.

LOS CARBURANTES

El primer carburante que alimenta la llama de la actitud es la **preparación**, es decir, saber cómo hay que hacer las cosas. Naturalmente, es muy importante estar preparado con relación a lo que se está haciendo; por ejemplo, es impensable afrontar un examen escolar sin haber estudiado. Tener una buena preparación es, pues, indispensable para tener una cierta competencia, pero cuidado, porque la preparación no es un recurso infalible y, a veces, no es suficiente para hacer despegar el globo. Si los vientos soplan en direcciones opuestas a nuestros intentos, nuestra preparación podría no transformarse nunca en una capacidad concreta. La preparación y la competencia podrían definirse como «tener el conocimiento de saber hacer algo», mientras que la capacidad significaría «estar en disposición de hacerlo».

La preparación

El **carburante mental** es extremadamente potente y eficaz en lo que se refiere a la alimentación de la llama. Forman parte de nuestros recursos mentales la calidad de nuestros pensamientos, el lenguaje que utilizamos cuando hablamos con nosotros mismos y el que utilizamos cuando hablamos con los demás, así como las imágenes que observamos habitualmente, ya sean las que vemos con los ojos, ya sean las que «observamos» con la mente. Una parte de este libro se dedica a ofrecer los instrumentos para comprender y gestionar de la mejor manera posible nuestros recursos mentales.

El carburante mental

■■■ Otro carburante muy potente es el uso de los recursos físicos (**carburante físico**). Las posturas que adoptamos, los gestos, las expresiones de la cara, el modo de respirar e, incluso, el de comer son elementos que tienen un fuerte impacto en la gestión de nuestra actitud. Se dedicará un amplio apartado a tratar cómo hay que utilizar este carburante para que proporcione los mejores resultados.

El carburante físico

EL GLOBO

■■■ El **globo** representa nuestra **capacidad**, porque cada uno de nosotros tiene la posibilidad de transformar su propia preparación en capacidad, de transformar el conocimiento de poder hacer algo en la capacidad de hacerlo. En algunas ocasiones, sin embargo, nuestra actitud no alimenta lo

El globo

suficiente el globo de la capacidad, y esto no nos permite utilizar al máximo nuestra preparación. En otras ocasiones, en cambio, la llama llena de aire caliente el globo y nos conduce al destino, permitiéndonos transformar nuestra preparación en capacidad, convertir, por ejemplo, la competencia académica en un examen brillante, un discurso en una conferencia eficaz, un penalti en un gol y todos nuestros deseos en realidad.

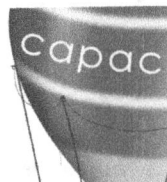

EL DESTINO

■■■ Imagínese que sale de casa y sube al coche, que se dirige a un lugar del que no conoce el nombre ni el camino; ¿dónde llegaría?, ¿sabe qué pasaría? El azar decidiría por usted, las personas que encontraría a su paso decidirían por usted, e incluso los cruces de carretera decidirían por usted. Hay

El destino

un proverbio que dice: «No hay viento favorable para marinero sin rumbo». De nada le servirá un globo si no sabe a dónde ir, qué sueños quiere realizar, qué objetivos profesionales quiere lograr, cuáles son los desafíos que superar. Todos los hombres y las mujeres que han conseguido alcanzar sus objetivos han tenido que escoger antes su propio **destino**, razón por la cual dedicaré la primera parte del libro a ayudarle a encontrar su meta.

SU DESTINO

HOMBRES QUE SUEÑAN

«El futuro pertenece a quienes creen en la belleza de sus sueños»

ELEANOR ROOSEVELT

«Tengo un sueño: sueño que mis cuatro hijos vivirán un día en una nación en la que no serán juzgados por el color de su piel, sino por sus cualidades personales. ¡Hoy tengo un sueño!». Con estas palabras, el 28 de agosto de 1963, en Washington, Martin Luther King, el apóstol de la no violencia y de los derechos civiles de los negros de Norteamérica, inició el discurso que quedaría grabado en el corazón de todos aquellos que desde cualquier rincón de la Tierra aman la paz y trabajan para que esta sea una realidad.

Walt Disney soñaba, en cambio, con una ciudad en la que la gente pudiera divertirse en familia y pasar buenos momentos en compañía de personajes como Mickey Mouse y Tío Gilito. En 1955 su sueño se hizo realidad con la inauguración de Disneyland en Anaheim, cerca de Los Ángeles, en California. En los años que siguieron, Walt Disney se concentró en el ambicioso proyecto EPCOT, la comunidad del futuro, que tiempo después se transformaría en Disney World, en Florida. También ese sueño se realizó, aunque su fundador muriera antes de verlo. Estos sueños nos han dejado una herencia extraordinaria, y pensar que todo comenzó después de soñar con un ratón... Entre las frases célebres de Walt Disney, se encuentra el lema: «Si puedes soñarlo, puedes hacerlo».

Martin Luther King y Walt Disney son sólo dos de los innumerables personajes de la historia que han osado soñar a lo grande y han conseguido realizar algo que antes no existía.

Si preguntamos a alguien que haya logrado sus propios objetivos, cómo empezó su camino hacia el éxito, seguro que nos responderá: «Siempre había soñado hacerlo» o «Desde pequeño soñaba ser lo que hoy finalmente soy». Todos tenemos sueños, cualquier persona que sepa mirar dentro de su corazón es capaz también de ver algo por lo que vale la pena vivir, ya sea llegar a ser un gran emprendedor o un músico famoso, ya sea tener éxito en la vida familiar. Sin embargo, muchos hemos abandonado nuestros sueños dentro de un cajón o, simplemente, los hemos olvidado y desde hace mucho tiempo los hemos sustituido por costumbres, sin hacer nada por materializarlos. Hay muchas personas que consideran casi una locura luchar por aquello que se quiere verdaderamente, y llegan al punto de considerar víctimas de una ilusión a los que creen en sus propios sueños. A estas personas, a menudo les oiremos decir: «Hay que ser realista», «Hay cosas que sólo les ocurren a cuatro afortunados» o, incluso, «Hoy en día no es posible crear una fortuna de la nada, esto sólo lo consiguen los que vienen de buena familia» y, finalmente, «Todos los soñadores se acaban muriendo de hambre».

Cuando oigo a personas hablar de esta manera, me pregunto si lo hacen con la intención de desalentar a los que realmente desean realizar sus sueños o si se lo dicen a sí mismas para consolarse. Y es que no sólo afirman no tener sueños en el «cajón», sino que niegan, incluso, la existencia del cajón, apartando así de sus propias vidas los elementos indispensables para vivir apasionadamente. Para estas personas la felicidad es una cuestión de suerte y se debe únicamente a los azares de la vida y a los encuentros con otras personas, que pueden causar felicidad o tristeza. Por suerte, las cosas no son así. También hay personas que sueñan, que encuentran en sus sueños la fuerza para luchar y realizar su «magnífica obsesión», y sólo estas consiguen encontrar dentro de sí mismas la fuerza indispensable para marcar la diferencia en su propia vida y en la de los demás. Su felicidad (o tristeza) no depende de quién encuentren, sino del propio hecho de saber que tienen un sueño para alcanzar que enciende su espíritu e ilumina su mirada. Usted también puede ser una de estas personas, usted también puede transformar su vida en algo estimulante, y su éxito dependerá, no de lo que haya hecho hasta ahora, sino de lo que hará para alcanzar sus sueños a partir de ahora.

«¡Siga confiando en la dirección de sus sueños!
Viva la vida que ha imaginado»

H<small>ENRY</small> D<small>AVID</small> T<small>HOREAU</small>

DESCUBRA SUS SUEÑOS

Un día, en una conferencia de mi amigo Trafford R. Cole, de la Universidad de Maryland, descubrí sorprendido los datos de una investigación que se había llevado a cabo con un grupo de personas de edad muy avanzada. Esta investigación tenía como objetivo estudiar de qué se arrepentían esas personas y qué hubieran hecho si hubiesen tenido la oportunidad de volver a empezar. Al final de la investigación se podía observar que había dos constantes que se repetían. Por un lado, un sentimiento de pesar por no haber sido más atrevidas y por no haber tenido suficiente valor en varias circunstancias de su vida; de lo que se deduce que, si hubieran tenido la posibilidad de volver a empezar, seguramente hubiesen sido más osadas. Y por el otro, el sentimiento de no haber ejercido suficiente influencia positiva en las vidas de sus seres queridos, por quienes, si estas personas hubieran tenido otra oportunidad, hubiesen hecho todo cuanto hubieran podido para mejorar sus vidas.

Estos resultados me impresionaron profundamente y me hicieron entender lo importante que es reflexionar sobre un tema que hasta entonces nunca había tomado en consideración, porque vivía mi vida marcándome objetivos a corto y medio plazo, pero sin plantearme nunca: «Cuando sea mayor y mire hacia atrás para ver qué he hecho en la vida, ¿me sentiré verdaderamente satisfecho? ¿Habré realizado mis sueños?». Hasta ese momento nunca me había planteado si había vivido persiguiendo mis sueños o si simplemente me había dejado arrastrar por los sueños de otros. Quizá le parecerá obvio, pero si piensa en ello un poco, se dará cuenta de que cuando decidimos ir de viaje, lo primero que hacemos es determinar el punto de llegada y no el de partida. ¿Por qué, en cambio, cuando tenemos que escoger una profesión, nos concentramos en las capacidades que poseemos y no en aquellas que deseamos poseer? ¿Por qué nos dejamos llevar por la vida esperando que nos ocurra algo maravilloso, en vez de decidir desde un buen principio qué es lo que queremos? Es importante decidir cuanto antes qué es lo que realmente queremos conseguir en todos los aspectos de la vida: en el trabajo, en las relaciones personales, en la salud y en todos los aspectos que para nosotros sean importantes.

Es cierto que el cine nos ha acostumbrado a historias en las que nuestra media naranja nos espera al otro lado de la puerta y en las que todos estamos predestinados al éxito. Según nos cuentan, no hay que hacer nada en particular para llegar a tener una vida extraordinaria, antes o después llegará la ocasión que nos cambiará la vida y nos hará ricos y famosos. Pero una cosa es el cine y otra la vida real, lo cual no significa que en ocasiones puedan suceder cosas extraordinarias en nuestra vida, y suceden de vez en cuando, pero es más normal que seamos nosotros quienes las provoquemos. Hay un proverbio que dice: «Ayuda a que Dios te ayude» y, pensándolo bien, Dios no sería justo si ayudara a quien no se lo merece. La suerte no es para quien la necesita, sino para quien se la merece, no se puede cosechar sin antes haber sembrado.

Piense ahora en su globo: primero sueñe a dónde quiere ir, luego márquese una ruta, consiga lo que necesita para el viaje y márchese. Es cierto que hay quien encuentra vientos a favor y quien encuentra vientos en contra, pero antes o después todos podemos llegar a la meta. Los únicos que nunca llegan a donde quieren son aquellos que no saben hacia dónde quieren ir. No espere ni un minuto más, descubra cuáles son sus sueños y empiece ya a caminar hacia ellos.

> *«No deje que sus recuerdos pesen más que sus sueños»*
>
> DOUG IVESTER

FÍJESE SUS METAS

Stephen Covey, en su libro *Los siete hábitos de la gente altamente efectiva: la revolución ética en la vida cotidiana y en la empresa,* habla de la importancia de saber con claridad a dónde queremos ir y qué queremos conseguir, pues sería muy desagradable pasarse la vida subiendo una escalera y al final descubrir que la hemos colocado en la pared equivocada. Yo no puedo decirle cuál es la pared buena o la mala, porque no puedo determinar cuáles son las metas que le hacen feliz, pero puedo invitarle a fijarse en las sensaciones que experimentará cuando decida empezar a caminar hacia una meta. Si le preguntara, por ejemplo, si prefiere ir al mar o a la montaña, probablemente me respondería sin dudar, porque tiene claro cuál de estas dos alternativas le proporciona más placer. Sin embargo, veremos que al conseguir algunos de nuestros objetivos nos sentimos muy contentos y que, en cambio, al conseguir otros no nos sentimos satisfechos. ¿Qué diferencia hay, pues, entre unos objetivos y otros? En el primer caso, los objetivos que conseguimos están en armonía con los objetivos finales de nuestra vida y, por lo tanto, nos sentimos bien, mientras que en el segundo caso es probable que estemos empeñados en realizar los objetivos de otra persona. Para descubrir si nuestras metas son realmente nuestras debemos entrar en contacto con nuestro subconsciente, con nuestro instinto y con nuestras emociones y ver si en nuestro interior sentimos verdaderamente una fuerza y un deseo visceral inequívocos.

Hace años asistí a un curso sobre el uso de las emociones: el tema principal era el uso de los recursos interiores para poder realizar los propios objetivos. Cuando estaba casi a la mitad del curso ocurrió algo que me cambió la vida: sentí un escalofrío que nunca antes había sentido, una emoción muy fuerte, y en ese mismo instante comprendí que el curso al cual asistía era exactamente lo que yo quería hacer en mi vida. Al día siguiente me despedí de la empresa en la que trabajaba y empecé un nuevo camino. Aunque he pasado por momentos difíciles, esa emoción no me ha abandonado nunca, y es esto precisamente lo que me hace sentir feliz cada día al despertarme. Así pues, el consejo que puedo darle es que esté atento a lo que hace y a las sensaciones que tiene: si siente nacer dentro de usted una sensación placentera es que ha apoyado la escalera en la pared correcta, si no, tendrá que seguir buscando qué es lo que le puede hacer sentir esa sensación. No debe contentarse con lo que le ocurra; aunque deba invertir mucho tiempo, tiene que perseguir sus propios sueños, porque no hay nada comparable a la felicidad que se siente al realizarlos.

> «Hay muchas cosas en la vida que nos roban la mirada, pero sólo pocas nos roban el corazón...
> Siga estas últimas»
>
> WINSTON CHURCHILL

ACTIVE EL SAR

Imagine que está jugando a buscar un tesoro escondido: está en el coche y, mientras se dirige al lugar en donde se encuentra el tesoro, se cruza con dos personas que están discutiendo; entonces decide detener el coche y bajar para unirse a la discusión, dedicando así un poco de su tiempo al suceso en cuestión; luego retoma el viaje y, al cabo de unos kilómetros, se encuentra a un amigo, se detiene otra vez y charlan un rato, lo que le resulta muy agradable, sin duda, aunque pierda un poco más de tiempo; después vuelve a subir al coche y a ponerse en camino, para pararse una vez más, tras haber recorrido pocos kilómetros; se ha hecho tarde y debe parar a descansar; ya llegará al lugar donde se encuentra el tesoro al día siguiente. ¿Realmente cree que puede encontrar el tesoro actuando de este modo? ¡Está claro que no!

Para alcanzar nuestros objetivos tenemos que perseguirlos constantemente y sólo pararnos durante el camino cuando encontremos algo que nos acerque más a la meta, no ante algo que nos aleje de ella o nos haga perder el tiempo. Para evitar paradas inútiles, debemos activar una especie de «radar» que nos permita aprovechar todo lo que nos sea útil para lograr nuestro objetivo, dejando a un lado lo que no nos sirva para nada.

LA INVENCIÓN DE LA BOMBILLA

Las personas de éxito tienen el radar activado constantemente: Edison, por ejemplo, mientras trabajaba en el invento de la bombilla, tenía siempre su radar personal activado, con lo cual todos los objetos que iba encontrando a su paso los convertía en útiles para su objetivo. Se cuenta que, incluso, utilizó el pelo de su mujer como filamento para encender la bombilla. Todo lo que podía parecer banal a los demás, a Edison le parecía un instrumento útil para el logro de sus proyectos.

Usted también puede encontrar los recursos necesarios para realizar sus sueños, sólo debe entender que tiene más cosas útiles que inútiles al alcance de su mano y, a continuación, activar su radar para comenzar a divisarlas. A veces ocurre que sólo conseguimos enfocar las situaciones que nos son distantes, sin dar importancia a lo que tenemos de bueno a nuestro alrededor.

Justo luego nos damos cuenta de que quien ha realizado sus sueños ha utilizado recursos que incluso nosotros teníamos al alcance de nuestras manos, como por ejemplo instrumentos útiles para nuestro objetivo o personas inteligentes de nuestro entorno. Pero ¿qué debemos hacer para activar nuestro radar personal?

LA ACTIVACIÓN DEL RADAR PERSONAL

Para activar su radar personal es necesario que pare un minuto y empiece a contar, con calma, todos los objetos rojos que vea en el lugar donde se encuentre (lo puede hacer en una habitación o, incluso, al aire libre). ¿Los ha contado ya? ¿Cuántos objetos rojos ha visto? Ahora, sin mirar a su alrededor, cierre los ojos e intente recordar cuántos objetos verdes ha visto.

Con este pequeño ejercicio, se habrá dado cuenta de que su cerebro ha omitido o, mejor dicho, no se ha parado a memorizar la mayor parte de objetos verdes que había. ¿Qué ha pasado?

SU DESTINO *21*

Cuando le he pedido que contara los objetos rojos, su cerebro ha activado su radar, es decir, un dispositivo llamado **SAR (Sistema de Activación Reticular)**. El SAR examina todos los mensajes de entrada y permite sólo a algunos de ellos llegar a la parte consciente de la mente. Si, por ejemplo, usted está leyendo con atención este libro, le podría pasar justo por delante alguien sin que ni siquiera lo notara, porque mantendría su atención focalizada en lo que está haciendo.

La activación del SAR nos permite lograr tres objetivos a la vez:

• mantiene nuestra mente concentrada en nuestros objetivos;
• considera lo que nos rodea como posible instrumento útil para nuestro objetivo;
• elimina de nuestra mente las fuentes de distracción.

CÓMO ACTIVAR EL RADAR PERSONAL (SAR)

La respuesta es muy simple. Cuando le he pedido que contara los objetos rojos, mi petición le ha activado el SAR. Por lo tanto, si nos planteamos preguntas de manera continua activamos de modo estable nuestro radar. Aprender a plantearnos preguntas funcionales nos permitirá orientar la mente en dirección a nuestras metas.

En la parte del libro dedicada al carburante mental, aprenderemos a comprender la fuerza que tienen las preguntas y a distinguir cuáles nos acercan a nuestros objetivos y cuáles nos alejan de ellos.

ENTRE EN EL ESTADO CREATIVO

A veces, tendemos a creer que hay personas dotadas de una mayor creatividad que otras, y que, por este motivo, frente a un problema, las más creativas son capaces de encontrar las soluciones más brillantes, soluciones que los demás ni siquiera consiguen intuir.

En realidad, todos tenemos dotes creativas; el único problema es que a menudo empleamos la creatividad para lograr objetivos que no son funcionales.

Seguro que alguna vez le habrá ocurrido que ha decidido hacer algo, por ejemplo estudiar, y se ha dicho: «Esta tarde estudiaré de las cinco a las ocho». Cuando llegan las cinco y está a punto de empezar se acuerda de que tiene que hacer una llamada, si no luego no se acordará; así que va a la cocina a buscar el teléfono y, qué casualidad, se encuentra frente a la nevera y, en ese momento, la mente le sugiere que, antes de empezar a estudiar, picar algo le podría dar energía. Así que, sin más dilación, abre la nevera y, mientras come, enciende el televisor, justo el tiempo de tomar algo, pensando que inmediatamente después llamará por teléfono y luego se pondrá a estudiar. Casualmente, en ese preciso instante, ve algo en la tele que le interesa y decide posponer sólo media hora sus propósitos, porque no puede perderse de ninguna manera el programa que están dando en la televisión. Al terminar el programa, se acuerda de que aún tiene que llamar por teléfono, así que, aunque es una persona rigurosa y no le gusta postergar sus propósitos, coge el auricular y se pone a hablar intentando acabar deprisa, pero su interlocutor tiene muchas cosas que contarle. Al colgar el teléfono mira el reloj y se da cuenta de que ya son las siete y media, sólo le queda media hora para estudiar. En ese momento decide que no vale la pena ponerse a trabajar por tan poco tiempo y aplaza su programa de estudio hasta el día siguiente.

¿Conoce a alguien que de vez en cuando se comporte de este modo? Si es usted esta persona y si esto le ha sucedido en más de una ocasión, está de enhorabuena, porque acaba de descubrir que es una persona creativa.

Todos tenemos dotes de creatividad, pero a veces las utilizamos para obstaculizar el camino hacia nuestros objetivos, en vez de emplearlas para alcanzarlos.

La creatividad no es un don exclusivo destinado sólo a gente especial. La creatividad está a la disposición de todos nosotros y se manifiesta a menudo en nuestra vida, aunque no siempre consigamos manejarla de modo consciente.

A todos nos ha ocurrido alguna vez que hemos encontrado la solución a un determinado problema en el momento más impensado, por ejemplo en la ducha, dando un paseo o, incluso, antes de dormirnos. El motivo por el que encontramos ideas innovadoras y soluciones a nuestros problemas en los periodos de relajación radica en el hecho de que nuestro cerebro en ese momento está produciendo ondas cerebrales adaptadas a tal propósito.

Si nos hicieran un electroencefalograma durante el desarrollo de nuestra actividad cotidiana, este revelaría ondas cerebrales diferentes según si nos encontramos en una fase de creatividad o en una operatividad normal (vigilia).

A partir de esta tabla podemos constatar que cuando nuestro cerebro se halla en estado de relajación se encuentra en las condiciones naturales para producir soluciones creativas.

LAS ONDAS CEREBRALES

Ondas cerebrales	Frecuencia	Características
Beta	13-30 Hz	Estado de vigila.
Alfa	8-12 Hz	Estado de vigilancia relajada: óptimo para el aprendizaje.
Theta	4-7 Hz	Estado de relajación profunda: óptimo para la creatividad y la relajación.

Lo que podemos hacer, ahora que lo sabemos, es entrar conscientemente en un estado de relajación, en un momento determinado por nosotros mismos, en lugar de esperar que el azar nos haga encontrar la situación idónea para hallar la solución.

Existe la creencia de que en estados de estrés es cuando aparecen las mejores ideas, pero, aunque esto haya ocurrido alguna vez, seguramente resulta mejor confiar en el modo natural de operar de nuestro cerebro, aprovechando el estado de relajación profunda.

Todo esto es de fundamental importancia, porque de este modo podemos entrar en contacto con nuestro inconsciente. De hecho, además de ser el centro de nuestras sensaciones, el inconsciente es también el depósito de las informaciones que normalmente no conseguimos controlar de manera consciente.

Cuando anteriormente hemos hecho referencia al SAR hemos observado que, mientras estamos concentrados en una actividad, como leer un libro, a veces estamos tan inmersos en ella que conscientemente ni siquiera nos damos cuenta de que tenemos a alguien delante. Pero esto no significa que nuestro inconsciente no haya almacenado la información; al contrario, ya sabemos que el inconsciente dispone de datos que sólo esperan que los vayamos a recuperar. Entrar en un estado de relajación permite a nuestro cerebro ponerse en el estado alfa o theta y recoger una serie interminable de datos, sucesos y situaciones que pueden ser útiles

«El valor de imaginar alternativas es nuestro mayor recurso, capaz de dar color y emoción a toda nuestra vida»

DANIEL J. BOORSTIN

para la solución de nuestros problemas, para la producción de nuevas ideas o, incluso, como me gusta repetir, para «entrar en contacto con nuestro instinto».

EL GRAN CONSEJO

Cada vez que desee obtener algo de sí mismo y se canse o no logre conseguirlo, significa que algo en su inconsciente está intentando arrastrarle en dirección opuesta y «boicotearle». En situaciones así será importante entrar en contacto con el centro de las sensaciones y hacerse amigo del propio subconsciente, en lugar de luchar contra él. Recuerde que, al empezar algo, tiene que cerciorarse de que su interior se muestra de acuerdo con ello, si no, aunque alcance sus metas, le resultará difícil poder disfrutarlas y ser feliz. En el fondo usted ya posee muchas de las respuestas a sus preguntas, sólo se trata de encontrar un método para sacarlas a la luz y así poder utilizarlas.

El ejercicio que le propongo a continuación está pensado para que consiga este propósito. Lo único que deberá hacer es abandonar cualquier forma de juicio, para evitar que su parte racional se imponga sobre la creativa, es decir, sobre esa gran cantidad de recursos inconscientes que tiene a su disposición y que seguramente le será útil para obtener las respuestas que necesita. Este ejercicio se llama «el gran consejo» y sirve para cualquier tipo de pregunta que se plantee. Las primeras veces quizá tenga alguna dificultad. No se preocupe, libérese progresivamente de las resistencias y déjese llevar. Es importante que, inmediatamente después de hacer el ejercicio, tome nota de los

EL GRAN CONSEJO

1 Puede hacer el ejercicio sentado o tumbado, lo importante es que esté en un sitio tranquilo y silencioso, un lugar donde no le puedan molestar.

2 Antes de empezar el ejercicio, compruebe que tiene un papel y un bolígrafo cerca, y luego escriba con claridad la pregunta o asunto sobre el cual quiere encontrar una respuesta clara o pedir consejo.

3 Cierre los ojos y respire hondo durante un rato.

4 Con la imaginación trasládese a un lugar que le proporcione tranquilidad: puede ser cualquier lugar que le guste y que para usted sea especial (un prado, la orilla del mar, la montaña, etc.), lo único que debe hacer es asegurarse de que ese sitio le hace sentir seguro y protegido (en esta fase de relajación entrará en el estadio de la creatividad que corresponde a las ondas theta).

5 Cuando mentalmente esté en ese lugar, observe y deléitese con todo lo que vea, intente percibir los sonidos, sentir el viento y vivir la situación agradable que quiere evocar.

6 Describa en voz alta lo que ve, sienta y recréese en los mínimos detalles.

7 Vuelva a hacerse la pregunta que se había planteado al principio del ejercicio en voz alta.

8 A su pregunta responderá alguien o algo, que llamaremos Consejero.

9 Fíjese en quién aparece, quién responde a la llamada, quién se acerca al lugar que ha escogido para el encuentro. Es importante que describa con todo lujo de detalles a todos los seres/objetos/sustancias. No deje intervenir a su parte racional, porque puede presentarse cualquier cosa, ¡podría ser una persona, un animal, una fruta o cualquier objeto! El raciocinio no debe obstaculizar el mensaje que le está llegando.

10 Quédese con cuatro Consejeros (no importa que sean más o menos, pero lo mejor es quedarse con tres o cuatro).

11 Ahora invite al primer Consejero que desee a responder a su pregunta y verbalice lo que le diga.

12 Antes de continuar con el siguiente Consejero, compruebe que el primero ha terminado de hablar y que el mensaje que le ha transmitido le ha quedado claro. Si no lo ha entendido, vuelva a hacerle la pregunta tantas veces como sea necesario.

13 Cuando haya hablado con todos los Consejeros y entienda todos los mensajes, deles las gracias y déjeles volver al lugar de donde han venido.

14 Ahora tómese unos minutos para admirar el paisaje. Recuerde que podrá reproducir esta situación y convocar a sus Consejeros cada vez que lo desee.

15 Poco a poco vuelva al presente, empiece por ir retomando conciencia de su cuerpo, escuche los sonidos de su alrededor y, finalmente, abra los ojos.

mensajes que ha recibido, e incluso que haga un dibujo de sus Consejeros. Aunque muchos creen que dibujar es cosa de niños, los dibujos nos permiten utilizar capacidades del hemisferio derecho del cerebro, el cual, además de ser el responsable de administrar las imágenes, gestiona las emociones. Así pues, con los dibujos crearemos un puente de comunicación entre el centro de nuestras sensaciones y nuestra conciencia. Aunque la primera vez que haga este ejercicio le cueste recordar todo lo que ha visto, le aconsejo que lo haga igualmente. Al principio tendrá que esforzarse un poco para coger práctica, pero ya verá cómo el esfuerzo valdrá la pena. Este ejercicio le

> «*Vuestra visión parecerá más clara cuando miréis en vuestro corazón. Quien mira al exterior sueña. Quien mira al interior se despierta*»
>
> KARL GUSTAV JUNG

permitirá comprobar si las metas que se ha marcado son las apropiadas y, una vez definidas, le permitirá orientarse a lo largo del camino para alcanzarlas, igual que una brújula permite dirigir el globo en la dirección elegida.

EL CHEQUEO DE LAS ÁREAS DE LA VIDA

Estoy seguro de que después del «gran consejo» tiene más ganas de ponerse en marcha; sin embargo, antes de partir, es preciso hacer algunas comprobaciones para verificar que la cesta de su globo está preparada para llevarle y no ocasionarle problemas durante el viaje.

LA RUEDA DE LA VIDA

Para llevar a cabo estas comprobaciones utilizaremos un instrumento de autoanálisis, tan simple como fiable, que generalmente se conoce como «la rueda de la vida». Las ocho secciones que componen la rueda representan cada una de las áreas de la vida. Dando al centro el valor de 0 y a los extremos el de 100, clasifica en porcentajes su grado de satisfacción en cada área al rellenar cada sección con el valor estimado.

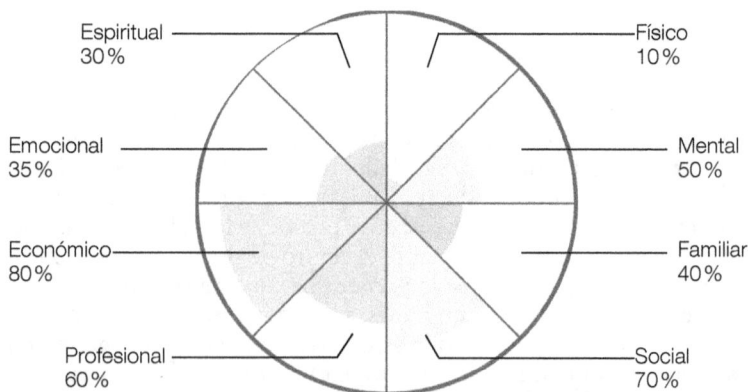

Espiritual 30%
Físico 10%
Emocional 35%
Mental 50%
Económico 80%
Familiar 40%
Profesional 60%
Social 70%

Utilice el ejemplo que acaba de ver para completar las ruedas de la vida que encontrará en las siguientes páginas y así comprobar el estado de distintos aspectos de su vida.

• **Físico:** cómo se siente, desde el punto de vista del bienestar físico y en lo que concierne a su estado de salud.

• **Mental:** todo lo que tiene relación con su crecimiento individual y su cultura personal.

• **Familiar:** la calidad de las relaciones con su familia, sus hijos, sus hermanos y todas las personas de su entorno familiar.

• **Social:** identifique la calidad de la relación con sus amigos, ¿tiene muchos?, ¿su amistad es de calidad?, ¿tiene una vida social satisfactoria?

• **Profesional:** indique el grado de satisfacción en el área profesional, la calidad del trabajo y del ambiente en el cual desarrolla su actividad.

• **Económico:** piense en sus ingresos y su capital, ¿se siente satisfecho en este aspecto?

• **Emocional:** indique el grado de satisfacción en función de la cantidad, la intensidad y la calidad de las emociones que experimenta habitualmente.

• **Espiritual:** su grado de desarrollo espiritual, sin que sea necesariamente en un ámbito religioso: creer en el propio destino, por ejemplo, es ya un concepto espiritual.

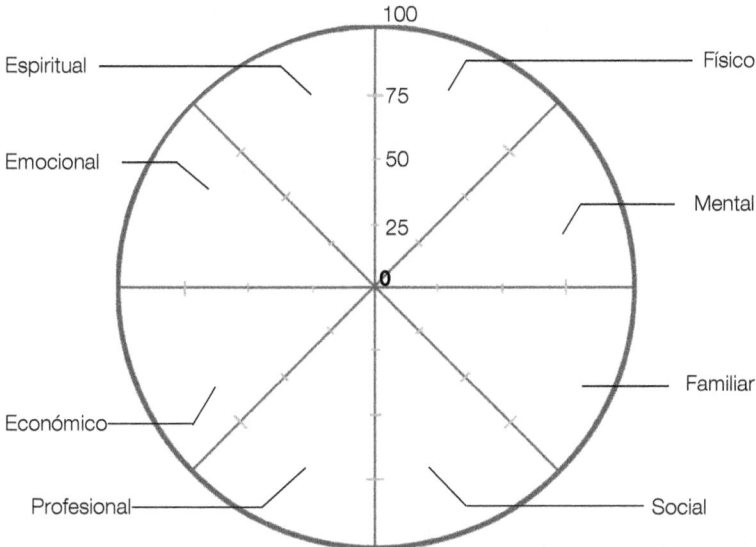

Ahora haga el ejercicio pensando cómo era su vida **cinco años atrás**. Para cada área de su vida relativa a cinco años atrás apunte ahora algo significativo que le permita fijar sus consideraciones actuales.

1.ER CHEQUEO: 5 AÑOS ATRÁS

ÁREA DE LA VIDA DESDE EL ASPECTO	GRADO DE SATISFACCIÓN	CONSIDERACIONES PERSONALES
Físico		
Mental		
Familiar		
Social		
Profesional		
Económico		
Emocional		
Espiritual		

Ahora rellene su «rueda de la vida» pensando en el grado de satisfacción que siente para cada área en su vida actual.

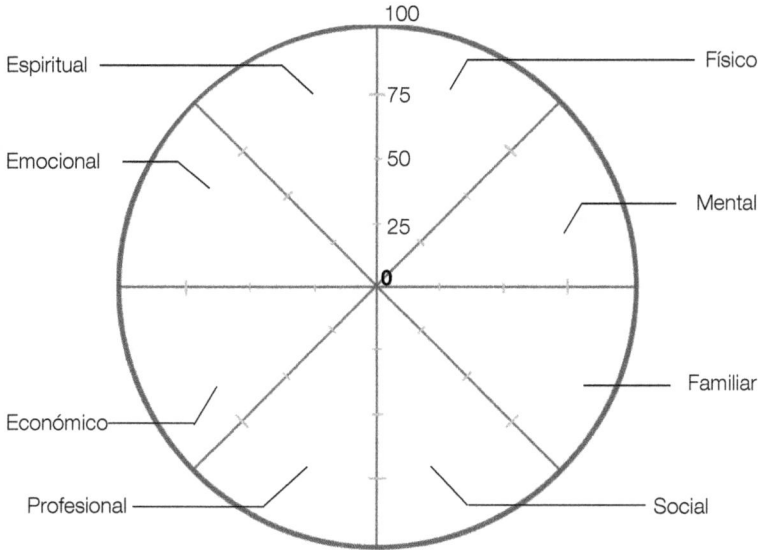

Ahora imagínese que esta rueda es la de su coche; seguro que en seguida verá que, sin el justo equilibrio, sea cual sea el recorrido que se marque para realizar le parecerá particularmente accidentado. Para cada área de su vida actual, apunte algo significativo que le ayude a establecer sus consideraciones.

2.º CHEQUEO: HOY

ÁREA DE LA VIDA DESDE EL ASPECTO	GRADO DE SATISFACCIÓN	CONSIDERACIONES PERSONALES
Físico		
Mental		

ÁREA DE LA VIDA DESDE EL ASPECTO	GRADO DE SATISFACCIÓN	CONSIDERACIONES PERSONALES
Familiar		
Social		
Profesional		
Económico		
Emocional		
Espiritual		

Examinando las dos tablas que ha completado podrá realizar un autoanálisis preciso de cuál es la dirección que está dando a cada área de su vida.

Supongamos que al área del bienestar físico le ha atribuido, 5 años atrás, un grado de satisfacción del 70 %, y ahora, en cambio, del 50 %; está claro que en este aspecto de su vida va a peor y es fácil deducir que si continúa así, dentro de 5 años más su grado de satisfacción será todavía inferior, quizá del 30 %. Debería activar la alarma e intentar invertir la tendencia.

Es importante recordar que este autoanálisis sólo permite hacer un chequeo, no resuelve los problemas. Sin embargo, ningún buen médico prescribe una terapia sin antes haber realizado un buen diagnóstico.

LA LEY DE VON LIEBIG APLICADA
A LAS ÁREAS DE LA VIDA

La ley de mínimos o ley de Von Liebig (1840) explica los mecanismos de crecimiento de las personas, de los animales y de las plantas al variar la disponibilidad de los factores ecológicos. La producción de las plantas, por ejemplo, viene determinada por diversos factores interdependientes, como el agua, el aire, la luz, la temperatura, el terreno y los elementos nutritivos. En su formulación original, la ley de Liebig decía: «El crecimiento de los vegetales viene determinado por el elemento que está presente en cantidad menor respecto a las necesidades»; «El crecimiento de un individuo en un ecosistema viene determinado por el factr ecológico que está presente en menor cantidad respecto a las necesidades». Este factor se llama factor limitante porque, de hecho, determina el límite máximo de crecimiento.

También podemos aplicar esta ley a nuestra vida. Para entender mejor este concepto, imaginemos que cada tabla de madera que constituye la estructura de la cesta de nuestro globo corresponde a un área de la vida y que cada tabla tiene un agujero, partiendo de abajo hacia arriba, a una altura que corresponda al grado de satisfacción de nuestra vida actual. ¿Qué pasaría si durante el viaje rellenáramos con polvo de oro la cesta del globo? Es evidente que la cesta se vaciaría hasta el nivel del agujero que estuviera situado más abajo.

Esto significa que, si tuviéramos un área de la vida con un grado de satisfacción muy bajo, esta acabaría arrastrando las otras áreas al mismo nivel.

Veamos un ejemplo práctico. Supongamos que hace varios años que tenemos algo descuidado nuestro estado físico (área física) y que ahora esta área se encuentra a un nivel verdaderamente muy bajo, tanto que incluso

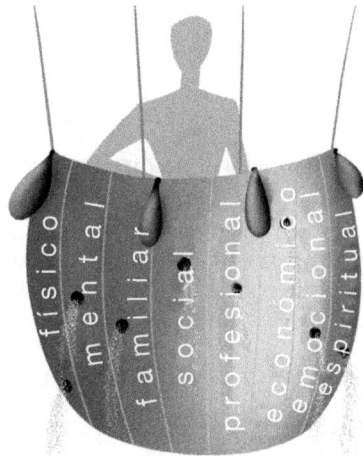

llega a afectar a nuestra capacidad de trabajo (área profesional). Obviamente esta situación de malestar llegaría a influir también en nuestros ingresos (área económica) y aumentaría el malhumor en la familia (área familiar), sin olvidar algunas posibles repercusiones en el área espiritual, y así sucesivamente.

A menudo oímos hablar de personas que han dedicado toda su energía a una sola área, por ejemplo la profesional en detrimento de la familiar, y que han acabado por «perder» a la familia, para luego echar de menos a alguien con quien poder compartir los frutos del éxito profesional.

Asimismo, hay personas que, al tener problemas en casa, son incapaces de desarrollar su actividad profesional con normalidad sin pensar constantemente en los problemas familiares, lo cual acaba comprometiendo su realización profesional.

Como vemos, las áreas de la vida son interdependientes y se influyen recíprocamente.

Aun así, es cierto que tener muchas áreas con un grado elevado de satisfacción nos hará consciente de nuestros medios y estimulará positivamente las áreas menos satisfactorias.

Es muy importante que seamos conscientes de la necesidad de mantener todas las áreas en equilibrio; en caso contrario, correríamos el riesgo de perder los tesoros que hubiéramos ido recogiendo a lo largo del viaje hacia nuestros resultados.

> *«La importancia del viaje no se encuentra tanto en dónde estamos como en la dirección en la que caminamos, sin perder nada de lo que encontramos durante el camino»*
>
> ROMANO BATTAGLIA

ANATOMÍA DE UN OBJETIVO

Marcarse un objetivo es sólo el primer paso para conseguirlo. Para transformar un sueño en un resultado es necesario conocer los elementos que constituyen un «objetivo bien estructurado».

Veámoslos a continuación:

Hay que tener una imagen clara de lo que se desea conseguir. Un arquitecto, para construir un puente, primero tiene que imaginárselo, luego dibujarlo y, finalmente, realizarlo. De este modo, cada proyecto es «visto» al menos tres veces, primero cuando es imaginado en la propia mente, luego cuando se observa plasmado en papel y, finalmente, cuando está acabado. Así pues, debemos partir de la imagen final e ir avanzando gradualmente, comprobando a cada paso que no nos desviamos de nuestro objetivo.

Hay un dicho que afirma: «Antes de hacer algo, hay que pensarlo dos veces». ¿Qué significa? Que antes de empezar un proyecto hay que tener muy claro lo que se quiere; de no ser así, en la fase de realización se podrían presentar muchos problemas.

■ **Se tiene que escribir.** No es suficiente con pensar e imaginar un objetivo detalladamente, también es necesario pasarlo a papel, porque en el momento de escribirlo se empieza a ver aquello que se quiere con los ojos y no sólo con la mente. Este paso nos permite transferir la imagen fuera de nuestra mente y fijarla sobre papel, de modo que podamos observarla y detectar, así, los defectos o mejoras que es posible aportar. Yo le aconsejo que para ello no se limite a describir, sino que también recurra a las imágenes; de esta manera no sólo utilizará la parte racional de su cerebro. Si, además del escrito, añade a su proyecto, sea cual sea, algunos dibujos, conseguirá activar el hemisferio derecho de su cerebro, el responsable de la capacidad creativa y emotiva. Todo esto le permitirá añadir un estímulo emocional a la obtención de lo que quiere.

En una ocasión alguien me dijo: «Si usted no es capaz de escribir lo que quiere, tampoco será capaz de realizarlo». Pienso que esto es totalmente cierto. Cuanto más tiempo dediquemos a esta fase, más se expandirá nuestro proyecto; y ya sabemos que un gran objetivo es mucho más estimulante que un objetivo modesto.

■ **Hay que fijar un plazo.** Definir bien los plazos para la realización de un objetivo es de vital importancia, por eso tenemos que hacerlo prestando mucha atención. Supongamos que nuestro objetivo es adquirir la capacidad de hablar en público con seguridad: primero visualizamos en nuestra mente la imagen de nosotros mismos haciendo una presentación memorable, luego escribimos y dibujamos la capacidad que debemos poseer para conseguirlo y, finalmente, escribimos que debemos conseguir nuestro objetivo en un periodo de seis meses. ¿Qué hay de malo en esta forma de fijar un plazo? El problema es que al comprobar nuestro plan de acción veremos escrito «Dentro de seis meses», lo cual permitirá a nuestro subconsciente postergar un poco la consecución del plan. Así que, para que no pueda haber interpretaciones erróneas, nuestras o de nuestro subconsciente, deberemos escribir una fecha precisa, por ejemplo, 1 de diciembre de 2006.

■ **Se debe hacer paso a paso.** Si el proyecto es de gran enverga-
dura será preciso que nos marquemos plazos intermedios para su realización completa. De este modo encontraremos gratificación en la
consecución de cada pequeño objetivo y reduciremos notablemente el estrés de tener que afrontar un proyecto muy absorbente de
una sola vez. Todo se puede dividir: si, por ejemplo, tiene que escribir un libro, es mucho mejor que lo fraccione en capítulos y los re-
dacte uno a uno, en vez de pensar en escribirlo de forma continuada
de principio a fin. La siguiente investigación, realizada entre un conjunto de estudiantes que fueron divididos en dos grupos distintos,
lanzó unos resultados interesantes. Se pidió al primer grupo de estudiantes que estudiaran un libro y les dijeron que luego se les preguntaría acerca de todo el material presente en el volumen; el segundo grupo, en cambio, tenía que leer el mismo libro, pero se dijo
a los estudiantes que se les preguntaría sólo por dos o tres temas del
libro. Aunque ambos grupos debían estudiar el libro entero, en el
primer grupo se generó mucha frustración por la idea de afrontar un
objetivo tan grande y los resultados fueron bastante insatisfactorios,
mientras que el segundo grupo, que había estudiado el libro entero
igualmente, consiguió mejores resultados, porque el objetivo era
mucho más asequible. Si debemos afrontar un desnivel de dos metros, subir diez escalones de veinte centímetros cada uno será más
simple y menos cansado que subir dos escalones de un metro. Modificar el nivel de percepción de un objetivo, transformándolo de
grande a dividido, mejorará nuestro estado de ánimo y nos predis-
pondrá a conseguirlo.

■ **Debe ser factible.** Aunque a veces se afirme que no hay nada
imposible si se pone suficiente empeño, hay que ser realista. Si usted tiene 40 años y no ha jugado nunca a fútbol, por mucho empeño
que ponga en ello, será imposible que acabe jugando en primera di-
visión. Con esta constatación, no pretendo acabar con sus sueños,
porque la historia nos ha mostrado que a veces se han logrado
hazañas que parecían imposibles: sólo 50 años atrás, por ejemplo,
nadie imaginaba que se pudiera llegar a la Luna, y sin embargo se
consiguió. Aun así, el objetivo no se logró al primer intento, sino que
antes hubo que experimentar e intentarlo varias veces, y sólo cuando se dispuso de la tecnología y los recursos necesarios se pudo llevar a cabo la gran hazaña. Piense pues a lo grande, pero actúe a pasos pequeños, haga primero algo que esté sólo un poco por encima
de sus posibilidades, y luego, poco a poco, descubrirá que paso a
paso puede llegar mucho más lejos de lo que se había imaginado.

Recuerde que si lo que se propone conseguir es factible, todo lo que haga para lograrlo le resultará muy estimulante.

■ **Debe poder medirse.** No dispongo de un metro que mida sus progresos, pero si usted no crea uno, se dará cuenta de que es muy frustrante no reconocer los pasos que ha ido realizando. Imagínese que su objetivo actual es conseguir mayores ingresos. ¿Qué pasaría si mañana, al salir de casa, se encontrara una moneda de cincuenta céntimos? ¿Habría logrado su objetivo de tener más dinero? Probablemente sí, pero ¿se sentiría feliz y realizado? ¡Evidentemente no! En este caso es importante fijarse una cifra concreta. Imagine, por ejemplo, que le ofrecen un trabajo, va a la entrevista y en seguida se da cuenta de que se trata de una oferta interesante; luego, cuando llega el momento de informarle sobre el sueldo, en vez de decirle que ganará 2.000 euros al mes, le dicen: «Tendrá un buen salario». ¿Cómo se sentirá en ese momento? Naturalmente, deseará que le den una información más precisa y así lo hará saber. Sin embargo, le vuelven a contestar: «Un buen salario». ¿Se creerá esta afirmación? Probablemente no, así que tampoco aceptará la oferta. Del mismo modo, su cerebro, el centro de sus sensaciones, tampoco le creerá si le da un objetivo igual de impreciso, quedará desorientado y se comportará exactamente igual que usted. Debe calcular con precisión en qué medida quiere más dinero y en cuánto tiempo quiere obtenerlo. Lo mismo pasa con todos los aspectos de la vida. Hay personas que simplemente quieren perder peso y cuando han perdido cien gramos el subconsciente les dice: «¡Objetivo alcanzado!», y entonces renuncian. De esta manera es inevitable que nos sintamos frustrados. Siempre puede haber factores que hagan naufragar nuestros intentos; aun así, si definimos el objetivo correctamente y de manera que se pueda medir, sentaremos las mejores bases para conseguirlo.

EL OBJETIVO DE LA DIETA

En el caso del peso corporal no es necesario saber cuántos kilos hay que perder, sino el peso exacto que se quiere conseguir. Si pesamos 80 kg y decidimos perder cinco, nuestro subconsciente tenderá a sabotear nuestro propósito. Hemos sido diseñados para ganar, no para perder, y a menudo todo lo que está relacionado con el concepto de «pérdida», desde el punto de vista del subconsciente, se considera desagradable y se debe evitar. Es mejor, por tanto, proponerse alcanzar los 75 kg. Así, nuestro subconsciente percibirá una sensación agradable y se esforzará por conseguirlo.

▬ **Se debe expresar en términos positivos.** Imagínese ahora que quiere escapar de la ciudad donde vive, porque no le gusta y no quiere vivir ni un día más en ese lugar, no le gusta la gente que vive en ella y no encuentra ningún estímulo interesante para continuar viviendo ahí. ¿Qué haría? ¿Se iría sin saber a dónde y se quedaría en la primera ciudad que encontrara? ¿Qué probabilidades habría de que ese nuevo lugar le gustara? Sólo una probabilidad muy remota le conduciría a un lugar donde la gente fuera mejor, los estímulos mayores y donde todo le saliera a su gusto. Antes que dejar una elección así al azar, es mucho mejor saber qué se quiere y a dónde se desea ir. Si es usted mismo quien escoge la ciudad en la que quiere vivir, tendrá muchas más probabilidades de llegar a ser feliz. Es fundamental fijarse el objetivo que se quiere conseguir y no quedarse sólo con aquello de lo que se quiere huir. Si quiere hablar en público busque un término positivo, del tipo: «¡Seré un gran orador!», y evite usar expresiones negativas como: «No me emocionaré» o «No me equivocaré». Elimine los «no» y los «nunca» de sus metas.

▬ **Se debe poder compartir.** Aunque los objetivos sean por norma general muy personales, es bueno que el logro de una meta no nos dé beneficios sólo a nosotros. Cuantas más personas se beneficien de lo que usted consiga, mayor será el valor de su esfuerzo, porque, si su empeño contribuye de algún modo a mejorar la vida de otro, esto le colocará entre las personas que marcan la diferencia en la vida de los demás. «Si comparte una pena, la pena se divide por dos; si comparte una alegría, la alegría se multiplica por dos»; así que acuérdese de compartir siempre sus objetivos.

«Marcarse objetivos es la mayor fuerza humana de automotivación»

PAUL J. MEYE

CÓMO ELABORAR UN PLAN DE ACCIÓN

A partir de todo lo que hemos dicho anteriormente, le invito a completar las ocho tablas que encontrará en las siguientes páginas. Hacerlo le ayudará a proyectar sus metas y a controlar su desarrollo; así, poco a poco, irá consiguiendo sus objetivos. Cada tabla representa un área de la vida, y para cada una de ellas es aconsejable establecer un único objetivo; marcarse demasiados al mismo tiempo sería como tener una flecha y dos blancos: nunca sabríamos a cuál de los dos apuntar y correríamos el riesgo de no acertar ninguno. En la parte superior de la tabla tiene que escribir su objetivo, el plazo fijado para conseguirlo y por qué quiere lograrlo. Es muy importante que lo que se proponga hacer tenga un significado; cuando explique el «porqué», piense en cómo se sentirá cuando lo consiga, entre en contacto con sus emociones y asegúrese de que sea una cosa que realmente desea. En el espacio de abajo debe escribir todas las actividades que puede hacer para conseguir su objetivo y dentro de qué fechas las hará. Al final de la tabla hay también un espacio para que pueda escribir ideas y notas. Veamos a continuación un ejemplo para el área concerniente al físico.

EJEMPLO

OBJETIVO: FÍSICO	FECHA:
Llegar a los 75 kg	1 de junio de 2006

POR QUÉ:
Me sentiré en forma, lleno de salud y de energía. Las personas de mi alrededor me mirarán y tendrán ganas de cuidar su cuerpo.

ACTIVIDAD	FECHA:
Inscribirme en un gimnasio	1 de febrero de 2006
Comprarme un libro sobre la alimentación sana	15 de febrero de 2006

IDEAS	NOTAS

OBJETIVO: FÍSICO   **FECHA:**

POR QUÉ:

ACTIVIDAD	**FECHA:**

IDEAS	**NOTAS**

OBJETIVO: FÍSICO   **FECHA:**

POR QUÉ:

ACTIVIDAD	FECHA:

IDEAS	NOTAS

OBJETIVO: FÍSICO	FECHA:

POR QUÉ:

ACTIVIDAD	FECHA:

IDEAS	NOTAS

OBJETIVO: FÍSICO   **FECHA:**

_____

_____

_____

POR QUÉ:

_____

_____

_____

ACTIVIDAD	**FECHA:**

IDEAS	**NOTAS**

OBJETIVO: FÍSICO   **FECHA:**

_____

_____

_____

POR QUÉ:

_____

_____

_____

ACTIVIDAD	FECHA:

IDEAS	NOTAS

OBJETIVO: FÍSICO **FECHA:**

POR QUÉ:

ACTIVIDAD	FECHA:

IDEAS	NOTAS

OBJETIVO: FÍSICO	FECHA:

POR QUÉ:	

ACTIVIDAD	FECHA:

IDEAS	NOTAS

OBJETIVO: FÍSICO　　　　　　　**FECHA:**

_____
_____
_____

POR QUÉ:

_____
_____
_____

ACTIVIDAD	FECHA:

IDEAS	NOTAS

EL PODER DE LA DECISIÓN

Si hasta ahora ha ido aumentando su deseo de hacer algunos cambios en su vida y siente que ha llegado el momento de ponerse manos a la obra, no tiene más que empezar a trabajar. En realidad, todos sabemos muy bien que no conseguiremos nada si no emprendemos ninguna acción y que las acciones son hijas de las decisiones. Cada vez que hemos conseguido algo, antes hemos tomado una decisión. Las decisiones son parte integrante de nuestra vida y todo lo que hacemos es producto de ellas: la persona con quien compartimos la vida, tener o no tener hijos, qué comer, dónde vivir, qué deporte practicar, qué coche conducir, en qué creer, lo que somos capaces de hacer.

Todas estas acciones son fruto de decisiones que han determinado quiénes somos y qué hacemos en la vida, forjando así nuestro destino. La mayor parte de las personas no se dan cuenta de que tienen este poder de decisión y están tan acostumbradas a decidir de manera automática que han acabado por perder la conciencia de que en realidad pueden controlar su vida a través de las decisiones.

Si usted realmente desea que sus sueños se transformen en resultados, debe tomar nuevas decisiones y hacerlo de modo consciente.

> *«El destino no es cuestión de suerte, sino de elección.*
> *No es algo que debamos esperar, sino más bien algo que debemos conseguir»*
> WILLIAM JENNINGS BRYN

NO HAY PEOR DECISIÓN QUE LA INDECISIÓN

No se puede no decidir; incluso cuando renunciamos a hacerlo, en realidad simplemente estamos decidiendo no realizar ninguna acción, lo cual es un grave error, ya que de este modo dejamos que sean los hechos los que decidan por nosotros. Hay gente que está acostumbrada a aplazar las decisiones porque de esta manera la vida parece mucho más fácil, pero lo que pasa es que al haber renunciado a tomar una decisión hoy, deberá tomarse una más grave mañana.

¿Cuántas personas, ante las primeras señales de caries en un diente, deciden no ir rápidamente al dentista para visitarse? Actuar de este modo es esperar que todo se resuelva solo, cuando en realidad lo que ocurre es que la caries empeora y, tarde o temprano, hay que ir al dentista igualmente. Así pues, lo que hacen estas personas es, simplemente, no asumir la responsabilidad: posponen el problema y no lo resuelven de verdad, pero llegará el momento en que se verán forzadas a tomar una decisión. Hay otras personas que, por costumbre, viven rodeadas de objetos reparados a base de chapuzas, y no porque tengan problemas económicos, sino porque nunca se deciden a ir a comprar otros nuevos.

Otras muchas hacen cosas que no les gustan con tal de no decidir, continúan relaciones atormentadas o trabajos que no les satisfacen, siguen consumiendo bebidas alcohólicas en exceso o jugando a juegos de azar de forma descontrolada y cosas por el estilo. Lo único que están realmente decididos a seguir haciendo es continuar lamentándose.

Cuando más adelante, de ancianos, se pregunten sobre lo que no ha funcionado en sus vidas, se darán cuenta de que nunca han tomado decisiones importantes. En ese momento no se lamentarán tanto por las decisiones erróneas tomadas a lo largo de sus vidas como por las que en realidad no habrán tomado nunca.

QUEME SUS NAVES

En la Antigüedad, un valeroso capitán, que se encontraba en una situación algo difícil, tomó una decisión que lo llevó a la victoria en el campo de batalla. Debía enfrentarse con sus tropas a un enemigo potentísimo, sin ni tan siquiera poder pensar en la posibilidad de sufrir una derrota, porque habría significado el fin de su imperio. A pesar de la difícil situación, se armó de valor y fuerza de ánimo y zarpó rumbo a la nación enemiga. Cuando llegaron a su destino, dio la orden de quemar las naves que habían transportado hasta el lugar a su ejército y, dirigiéndose a sus hombres, les dijo que observaran el fuego que destruía definitivamente los medios necesarios para volver a casa. Ante el estupor de todos, dijo: «No hay elección: vencer o morir», y al final vencieron.

Las personas que no obtienen lo que desean son aquellas que deciden sin convicción, pronunciando frases del tipo: «Vale, en adelante ganaré un poco más de dinero». Afirmaciones como esta no son fruto de convicciones, sino que manifiestan simplemente una preferencia, que por otra parte también es muy genérica. En realidad significa decir: «Me gustaría tener más dinero». Las decisiones de verdad son algo muy distinto, porque no utilizan condicionales en su expresión verbal, ni están subordinadas a condiciones en el momento en que se toman. Cuando decidimos algo tenemos que estar seguros de que queremos hacerlo y ser conscientes de que no nos echaremos atrás ante la primera dificultad que encontremos. Si condujéramos mirando la carretera que ya hemos recorrido en vez de mirar la que tenemos delante, ¡seguro que nos estrellaríamos!

He aquí ejemplos significativos de personas que, «a pesar de las dificultades», han seguido adelante en su intento, porque han tenido una fe absoluta en la legitimidad de sus propias decisiones.

- El maestro de Beethoven afirmó que este no tenía ningún talento como compositor.
- Dieciocho editoriales rechazaron *Juan Salvador Gaviota* de Richard Bach antes de que lo publicara la editorial Macmillan en 1970. En 1975 ya había vendido siete millones de ejemplares en Estados Unidos.
- Soichiro Honda, fundador de Honda Corporation, vio cómo Toyota rechazaba su proyecto de crear una nueva banda elástica para pistones. Su fábrica fue bombardeada durante la Segunda Guerra Mundial y pocos años después un terremoto la volvió a derruir. Todo esto sucedió antes de que finalmente alcanzase el éxito.

> *«La competición siempre la gana el más rápido, pero de aquellos que continúan la carrera hasta el final»*
>
> THOMAS EDISON

¿Cree que todas estas personas se encontraron con alguna dificultad? Pues claro que sí. ¿Cree que se sintieron frustradas después de cada contratiempo o fracaso? Seguramente. Pero ¿abandonaron en algún momento sus propios sueños? ¡De ninguna manera!

Ninguno de estos personajes desistió nunca en el intento, sino que más bien pusieron en juego toda su vida para conseguir lo que deseaban por encima de todo, y al final lo consiguieron. Cada vez que se encuentre ante una persona que haya realizado sus propios sueños, puede estar seguro de que antes de empezar ha tomado una decisión firme, lo cual no depende del punto de partida, sino de la fuerza con la que se desea llegar hasta el punto de llegada. Muchas personas que han nacido en un ambiente favorable, en una familia acomodada y han tenido la posibilidad de recibir una educación de gran calidad, han tenido también oportunidades que podían favorecer la construcción de su propio éxito personal. Sin embargo, muchas de ellas han echado por la borda aquello que habían recibido de la familia para dejarse llevar y vivir una vida repleta de fracasos. Otras personas, en cambio, han empezado sin tener ningún privilegio, o han sabido encontrar la fuerza necesaria para levantarse después de haber tocado fondo, y han emprendido una vida de éxitos increíbles. ¿Qué es lo que «marca la diferencia»? Pues que sólo estas últimas habían tomado una «decisión de verdad».

Mientras los primeros pronunciaban frases del tipo: «Me gustaría ganar más dinero», «Tendría que cambiar de trabajo», «Debería dejar de atiborrarme», las personas de éxito pronunciaban frases distintas como: «Quiero ganar más dinero», «Tengo que cambiar de trabajo», «Debo dejar de atiborrarme». La diferencia radica en el hecho de que estas últimas no utilizan el condicional, y, por consiguiente, sin condiciones siempre dicen «Quiero», en vez de «Me gustaría», «Debo», en vez de «Debería». En realidad, cada vez que usamos el condicional permitimos que lo que deseamos acabe por no pasar. Es importante, pues, aprender a tomar decisiones sin condiciones: quizá no sean las mejores, pero seguro que siempre serán mejores que no decidir nada.

> *«Yo tomo decisiones.*
> *Tal vez no sean perfectas,*
> *pero es mejor tomar decisiones imperfectas*
> *que estar siempre buscando*
> *decisiones perfectas que nunca llegan»*
> CHARLES DE GAULLE

CUATRO PASOS PARA DECIDIR

Desde hace un tiempo, antes de tomar una decisión importante, he aprendido a utilizar una técnica muy útil llamada «cuatro pasos para decidir», que se muestra a continuación.

Primer paso: informarse

¿Debe decidir qué casa comprar, a qué curso apuntarse, a qué profesión dedicarse? En primer lugar, necesitará reunir el mayor número de información posible: catálogos, folletos, guías, información vía internet, etc. Otra fuente de información muy útil es preguntar a las personas que ya han conseguido esos objetivos cómo lo han hecho. Cuando haya recogido una cantidad considerable de datos sobre el tema en cuestión, tendrá una idea más clara de la situación y podrá decidir con mayor competencia.

Segundo paso: valorar el precio a pagar por el «sí»

¿Qué precio está dispuesto a pagar por lo que quiere obtener? Cada decisión conlleva pagar un precio, que puede expresarse en tiempo, dinero, menos comodidades, etc. Esta fase es muy importante, porque en ella confrontamos nuestros valores personales con el valor de la elección. Si, por ejemplo, para usted tuviera mucho valor el tiempo que pasa con su familia y le propusieran trasladarse lejos por motivos laborales, la aceptación de la oferta podría poner en conflicto sus valores, incluso en el caso de que la propuesta le resultara económicamente ventajosa. Dedique, pues, más tiempo a reflexionar sobre este segundo paso.

Tercer paso: valorar el precio a pagar por el «no»

¿Qué pasa si decide rechazar una propuesta atractiva? También la renuncia conlleva, de hecho, un precio a pagar, e incluso en este caso entrarán en juego sus valores personales. Los primeros tres pasos deben cumplirse, ya sea porque se trata de una decisión sobre el «hacer» o «no hacer» algo, ya sea porque atañe a más de una opción. Por ejemplo, si debemos elegir un coche de entre tres, deberemos llevar a cabo los tres pasos para cada automóvil y luego confrontar las consideraciones establecidas para cada modelo.

Cuarto paso: decidir

En este punto sólo debe decidir y no volver hacia atrás. ¿Y si la elección no ha sido la correcta? Tome otra decisión en dirección opuesta, pero sólo si está completamente convencido del error.

Después de haber decidido, se encontrará al otro lado de la barricada, habrá hecho el trabajo más pesado y comenzará a sentirse mejor. ¿Se ha fijado en los nervios que se sienten antes de tomar una decisión importante y en cómo toda la tensión se desvanece justo al haberla tomado? Aprender a decidir, además de ser útil para la realización de los sueños, también es útil para el bienestar psicofísico.

La capacidad de escoger es una habilidad importante que hay que practicar para conseguir el éxito personal. La diferencia entre aquellos que tienen éxito y aquellos que no lo tienen radica en el hecho de que los primeros deciden con rapidez y difícilmente cambian de idea, mientras que los segundos deciden lentamente y cambian de idea en seguida.

Empiece tomando decisiones poco significativas para expandir las áreas de su vida y luego pruebe con decisiones cada vez más importantes.

> *«En el momento en que hay que tomar una decisión, lo mejor que se puede hacer es lo que es correcto; lo segundo mejor que se puede hacer es lo que no es correcto; y lo peor que se puede hacer es no hacer nada»*
>
> THEODORE ROOSEVELT

¿QUÉ DECISIONES HAY QUE TOMAR PRIMERO?

Algunas veces nos sentimos un poco confusos cuando debemos tomar una decisión. Esto suele suceder porque tenemos muchas decisiones para tomar al mismo tiempo y no sabemos cuál de ellas es prioritaria.
A propósito de esto me gustaría contar una experiencia.

EL EQUIPO ESTÉREO

Cuando tenía casi dieciséis años, decidí comprarme un equipo estéreo Hi-Fi. Como quería escuchar música con la máxima calidad posible, decidí informarme sobre el tema leyendo revistas, yendo a ferias y visitando todas las tiendas que disponían de las mejores marcas. Al cabo de mucho tiempo había acumulado gran cantidad de material, tenía la habitación llena de revistas nacionales y extranjeras, libros, catálogos, folletos y todo cuanto podía servir para ayudarme a escoger de un modo eficaz. Cuando mi conocimiento de la materia fue satisfactorio, decidí gastarme casi 1.500 euros para realizar mi sueño: tener un equipo Hi-Fi de calidad. El «problema» fue que durante todo ese tiempo había gastado demasiado dinero entre libros y revistas, y, por si no fuera bastante, tenía muy pocos discos. Como se puede ver, había ordenado mal mi lista de prioridades. Pero aunque fue una experiencia «costosa», hoy esa lección me hace valorar las cosas en función de los objetivos. Si usted invierte un mes para decidir comprar un móvil de 200 euros y un solo día para comprar una casa de 200.000 euros, probablemente necesite aprender a establecer un orden de prioridad.

DÉ EL PRIMER PASO

Por muy ambiciosa que sea su meta, por muy largo que sea el viaje, recuerde que todo empieza con el primer paso. Luego, simplemente, deberá poner un pie delante del otro y continuar. Quizá le parecerá muy banal, pero hay muchas personas que no consiguen nunca dar el primer paso. Después de haber hecho el chequeo de su vida, de haber establecido sus objetivos, de haber elaborado un plan y de haber definido el plazo, ha aprendido a decidir. ¿De qué sirve todo este esfuerzo, si luego no hace nada en concreto porque lo aplaza todo diciéndose siempre: «Mañana daré el primer paso»? Mañana lo aplazará para pasado mañana, del día siguiente pasará a la semana siguiente, y así sucesivamente. Como bien puede imaginar, será como volver a guardar en el cajón todos sus sueños y fingir que se siente bien sólo

«El secreto para ir adelante es empezar a caminar»

SALLY BERGER

porque no los tiene frente a sus ojos. Si ha decidido matricularse en un seminario, coja el teléfono ahora mismo y reserve una plaza, no se entretenga. A menudo en el pasado me he dicho: «Ahora no es el mejor momento, empezaré el 1 de enero, año nuevo, vida nueva». ¿Sabe cuántas cosas se cambian actuando de este modo? Ninguna. Le parecerá que no existe el momento oportuno para dar el primer paso, pero en realidad el momento oportuno es siempre, incluso en este preciso momento. El único momento oportuno que cuenta es «ahora».

ABANDONE LA ISLA DE LA COMODIDAD

En mis cursos, he observado algo curioso: los participantes, cuando entran en el aula donde se imparten las clases, realizan una panorámica de la sala y luego escogen un lugar donde sentarse. Hasta aquí no hay nada raro, pero ¿sabe qué es lo que pasa cuando vuelven al día siguiente? Tienden a sentarse siempre en el mismo sitio, que acaba por convertirse en una especie de propiedad privada, y cuidado con hacerles cambiar de sitio, porque parece que no les gusta en absoluto. Todos nosotros tenemos nuestros lugares favoritos, tendemos a ocupar siempre la misma taquilla en el gimnasio, a seguir siempre el mismo recorrido para ir al trabajo, y así sucesivamente. Naturalmente no hay nada de malo en repetir siempre lo mismo, pero la pregunta que debemos plantearnos es: «¿Cuántas calles conoceremos si siempre vamos por la misma?». En términos psicológicos este comportamiento se define como «estar en la propia zona de confort» o «zona de comodidad».

Aunque no se sienta cómodo saliendo de estas áreas, le invito a hacerlo igualmente. Al

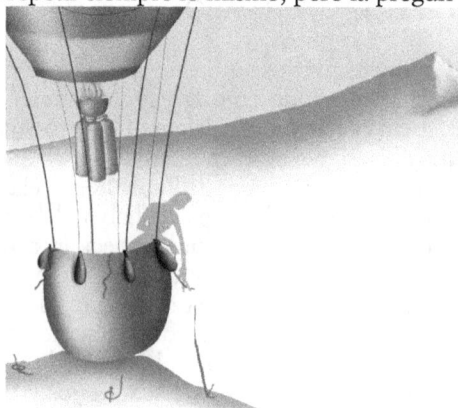

> «Si continúa haciendo lo que está haciendo,
> continuará recibiendo lo que está recibiendo»
>
> JOHN M. CAPOZZI

principio le costará un poco, pero lo importante es que acostumbre a su cerebro al cambio; verá cómo tendrá mayores posibilidades de elección y se sentirá mucho mejor en cualquier situación. Cuando sepa ir al mismo sitio por muchas calles distintas o conozca muchos modos de afrontar una misma situación, su estado de ánimo comenzará a no temer el cambio y podrá empezar a explorar sus capacidades. Abandone la isla de la comodidad y encamínese hacia el mundo de las oportunidades.

APRENDER NUEVAS HABILIDADES

Cada vez que nos encontramos en una situación en que debemos aprender algo nuevo, tenemos que adquirir nuevas habilidades.

Aprender a conducir una motocicleta Honda, por ejemplo, después de haber conducido durante años una Yamaha, es algo bastante simple, pero todo se complica si debemos aprender a conducir un *kart*.

En este caso las experiencias son muy distintas y el tiempo para aprender es mayor respecto a aquel que transcurre para experiencias similares.

Todo lo que aprendemos de nuevo se desarrolla en cuatro pasos, que identificaremos como los «cuatro escalones del aprendizaje».

Primer escalón: incompetencia inconsciente

Cuando subimos el primer escalón, no sabemos aún lo que nos espera, debemos afrontar una nueva situación y aprender algo, pero todavía no sabemos qué; por ello podemos afirmar que «no sabemos no ser capaces» *(incompetencia inconsciente)*. En esta fase, percibimos que algo en nuestra vida no va como tendría que ir, pero no sabemos aún qué competencias deberemos poseer para superar las dificultades, o simplemente no somos conscientes de la existencia de algo cuyo aprendizaje podría, tarde o temprano, sernos de gran utilidad.

▓ Segundo escalón: incompetencia consciente

En el segundo escalón empezamos a entender qué es lo que no va bien, sabemos lo que debemos hacer, pero todavía no estamos preparados para hacerlo. Es justo en esta fase cuando se manifiestan los primeros estados de ánimo respecto a aquello que debemos aprender. A modo de ejemplo, imaginemos que hemos decidido sacarnos el permiso de conducir y, tras aprobar la parte teórica, nos toca realizar la primera clase práctica. En ese momento «somos conscientes de que no sabemos» *(incompetencia consciente)*, y es normal que durante esta primera clase experimentemos varios tipos de emociones. Personalmente, me acuerdo de que, en mi primera práctica, estaba terriblemente confuso, debía acordarme de muchas cosas a la vez, tenía que estar pendiente de las marchas, del pedal del embrague y, simultáneamente, mirar por el retrovisor, pisar el acelerador y soltar poco a poco el freno. En mi primer intento, el coche avanzó a golpes unos metros. En mi interior oía una vocecita que me decía: «No lo vas a conseguir nunca». Seguramente usted también ha tenido alguna experiencia parecida y, como yo, se ha sentido incapaz de hacer algo durante un rato. En esta fase se suelen sentir dos tipos de emociones: algunas personas se sienten excitadas con la nueva experiencia y ven las primeras dificultades como un desafío estimulante, otras, en cambio, se sienten frustradas y ven los primeros obstáculos como insalvables.

▓ Tercer escalón: competencia consciente

Finalmente hemos obtenido el permiso de conducir, por lo que en esta fase sabemos que somos capaces *(competencia consciente)* de conducir. A pesar de ello, todavía no dominamos completamente nuestra nueva competencia y debemos prestar mucha atención a todo lo que hacemos. Nuestro estado de ánimo aún puede experimentar algunas de las emociones que sentía en el escalón precedente, aunque van desapareciendo con el paso del tiempo. A menudo, llegar hasta el tercer escalón es el paso del proceso de aprendizaje que requiere más esfuerzo. De hecho, tras el segundo y el tercer escalón, a veces la distancia entre nuestras expectativas y el resultado deseado es tal que nos puede desanimar y hacer abandonar la empresa. Pero, generalmente, la motivación que nos impulsa a sacarnos el permiso de conducir es tan fuerte que nos hace perseverar hasta conseguir el resultado. Otras veces, en cambio, cuando la motivación es menor, desistimos.

■ Cuarto escalón: competencia inconsciente

Cuando llegamos al cuarto escalón ocurre algo verdaderamente singular. Ya no somos nosotros mismos quienes guiamos el coche, sino nuestro inconsciente, todo acontece de manera automática y, mientras conducimos, podemos concentrarnos en otras tareas: pensar en un proyecto, escuchar música o, en definitiva, hacer otras actividades (pero sin olvidar la conducción). Podemos decir que en esta fase casi no nos damos cuenta de lo que estamos haciendo. «No somos conscientes de tener la capacidad» *(competencia inconsciente)*, lo hacemos y ya está. Lo que antes hacíamos prestando mucha atención ahora se ha convertido en un hábito.

> «No podrá descubrir nuevos océanos hasta que no tenga el coraje de perder de vista la playa»
> GEORGES DANTON

LOS HÁBITOS

Ahora veamos qué es lo que ocurre con los hábitos. Como acabamos de ver, cuando adquirimos un hábito nuestros comportamientos pasan a ser automáticos, es como si cargáramos un *software* que hubiéramos programado y lo pusiéramos en marcha. Una vez activado, este *software* sólo piensa en hacer lo que al principio hacíamos nosotros conscientemente. «Se trata de algo positivo», pensaremos. ¿Qué hay de malo en todo esto? Casi nada, las ventajas son muchas, y es que, en definitiva, podemos emplear nuestros recursos mentales en otras actividades y hacer otras cosas simultáneamente.

Pero, como en todo, existe también la otra cara de la moneda. De hecho, cuando estamos en el cuarto escalón y adquirimos un hábito, no somos conscientes de lo que estamos haciendo, lo cual provoca una pérdida de control. Nosotros sólo tenemos la capacidad de controlar aquello de lo que somos conscientes, mientras que aquello de lo que no somos conscientes nos controla a nosotros.

Esto significa que si tenemos la necesidad de hacer algo nuevo, nuestro inconsciente, ahora ya programado, tenderá a hacernos repetir siempre el comportamiento adquirido. ¿Le ha ocurrido alguna vez que después de cambiar de trabajo se da cuenta de que está recorriendo el camino para ir al antiguo? ¿O ha sentido alguna vez, después de conducir durante años un coche con el cambio manual, qué malestar se siente al empezar a conducir uno con cambio automático? Inconscientemente buscamos el pedal del embrague y no lo encontramos, y antes de que nos acostumbremos a su ausencia pasa bastante tiempo.

UN CAMPEÓN DE GOLF

Ahora le quiero contar la historia de una persona que tuvo que reprogramar algunos de sus hábitos: el campeón de golf Nick Faldo. Nick hacía tiempo que era un campeón indiscutible, había ganado numerosas competiciones hasta llegar a ser el número uno de Europa. Sin embargo, su *swing* no era perfecto, con ese golpe no había logrado la potencia necesaria para llegar a ser el número uno del mundo.

Después de reflexionar sobre ello, Nick se dio cuenta de que su problema derivaba de un hábito, más concretamente del modo en que cogía el palo de golf, que no le permitía transmitir a sus golpes la potencia deseada. Así pues, decidió bajar del cuarto escalón (competencia inconsciente) al segundo escalón (incompetencia consciente).

En esa fase, se dedicó plenamente a la nueva manera de sujetar el palo. Sin embargo, al principio este cambio le perjudicó y le hizo descender en la clasificación mundial. Durante un par de años se le perdió la pista. ¿Dónde estaba nuestro amigo Nick? Estaba subiendo al tercer escalón (competencia consciente) con gran esfuerzo y, aunque los resultados tardaban en llegar, no tiró la toalla. Al final, volvió a ganar y ¡acabó siendo el número uno del mundo!

¿Usted habría hecho lo mismo? ¿Habría estado dispuesto a esperar tanto tiempo? La mayoría de personas habrían dicho: «Lo he intentado mil veces, pero no lo he conseguido». Pronunciar esta frase significa, en realidad, no haberlo probado ni siquiera una docena de veces y haber vuelto a los antiguos hábitos, a la isla de la comodidad. Pero ahora ya sabemos que un comportamiento de este tipo nos aleja de las oportunidades.

«Primero somos nosotros quienes creamos hábitos, luego son ellos los que nos crean a nosotros»
JOHN DRYDEN

Ha llegado el momento de aprender algo nuevo: sobre «quién» debemos actuar para asumir el control de nuestros hábitos, de nuestras emociones y de nuestra vida.

UN GIGANTE POR AMIGO

¿Le gustaría que alguien se encargara de guiar su globo hacia sus objetivos? Sí, sería la solución ideal. Usted se ocuparía sólo de decidir a dónde quiere ir y de programar el piloto automático, y él le llevaría a su destino. No estaría nada mal como solución, ¿no le parece? Pues bien, ha llegado el momento de las buenas noticias: tiene que saber que incluso usted dispone de un piloto automático, así como, a decir verdad, de un gigante que lo dirige. Usted sólo debe acostumbrarlo a realizar algunas operaciones, luego él se ocupará de hacerlo en su lugar.

Este gigante se llama subconsciente, es el responsable de sus hábitos y tiene los recursos necesarios para hacer cosas que usted solo no conseguiría controlar. Imagínese que es como un chico de diez metros que siempre le lleva cogido de la mano. Seguro que en alguna ocasión se ha encontrado frente al escaparate de una tienda y, sin saber por qué, ha entrado y ha comprado algo que quizá ni siquiera le servía. ¿Quién le ha llevado hasta ahí? Ese tipo tan simpático de diez metros llamado «subconsciente», naturalmente. ¿Alguna vez ha llegado al trabajo una mañana después de haber recorrido en coche algunos kilómetros sin ni siquiera acordarse de haber hecho el recorrido? ¿Quién ha conducido el coche?, ¿su mente consciente o su gigante? Sin duda alguna, este último.

Como decíamos, su subconsciente también es rutinario: no le gusta hacer nada nuevo y, además, tiende a evitar todo lo que le hace sufrir. Si, por ejemplo, alguna vez ha hablado en público y ha sido criticado, habrá vivido una situación que seguramente le habrá hecho sufrir, pero también habrá sufrido su subconsciente. Por ello, si hoy desea volver a ponerse a prueba en una experiencia similar, incluso si usted no se acuerda del sufrimiento, el subconsciente no lo habrá olvidado e intentará evitarlo. De la misma forma en que nos impulsa a abrir la nevera cuando no debemos comer, también nos frena cuando queremos hacer algo que le provoca sufrimiento. Recuerde que el subconsciente es un gigante, y usted, simplemente una persona.

¿Qué podemos hacer para que nuestro subconsciente haga lo que nosotros queremos? Debemos educarlo como si fuera un niño. Debemos obligarlo a hacer cada día, durante un mes, aquello que deseamos, sin tirar la toalla ni ser permisivos, hasta que, al final, el subconsciente haya adquirido un hábito y no sea necesario continuar. Cuando dejamos de fumar, por ejemplo, durante los primeros días sentimos que nuestro gigante nos arrastra con más fuerza: ese es el momento en el que tenemos que mantenernos firmes; cuanto más tiempo pase, menos nos arrastrará el subconsciente hacia donde quiere y más nos llevará hacia donde deseamos. Cuando hayamos creado hábitos sanos y productivos, nos daremos cuenta de que hemos pasado al gigante el control del piloto automático de nuestro globo. Él será quien utilizará de modo adecuado la llama de la actitud, nuestro próximo tema.

LA LLAMA
DE LA ACTITUD

ACTITUD Y RESULTADOS

«Una persona feliz no es una persona en determinadas circunstancias, sino una persona con determinadas actitudes»

HUGH DOWNS

Seguro que alguna vez habrá oído decir que hay personas que tienen una luz particular en su mirada, una llama que alimenta el coraje y que les confiere una determinación fuera de lo común. ¿Cómo se llama este elemento que algunos tienen dentro de sí y que permite marcar la diferencia? Sin duda alguna, **actitud**.

Una buena actitud nos permitirá conseguir nuestros objetivos, mientras que una mala actitud nos lo impedirá.

Volviendo a la metáfora del globo, la actitud es la llama que transforma nuestra preparación en la capacidad efectiva de hacer algo y, por consiguiente, de conseguir los resultados deseados. Como veremos a continuación, la actitud tiene una gran influencia sobre los resultados.

EL VENDEDOR DE COCHES

Un día un joven vendedor de automóviles fue a visitar a un cliente potencial, que le había manifestado su intención de comprar veinte coches de una sola vez. Después de hacerle una visita, el joven volvió al concesionario con la esperanza de que el cliente lo llamara al cabo de unos días. Sin embargo, sabía que, además de su oferta, también tenía otras de la competencia. Al día siguiente el teléfono sonó y al otro lado del auricular estaba el cliente, que dijo al joven: «Tengo que hablar con usted». Esta frase dejó temblando al vendedor, que en su interior veía cómo se avecinaba justo lo que no deseaba. El joven empezó a sentir emociones negativas y automáticamente pensó: «Ya lo sabía, era demasiado bonito para ser cierto». Sin embargo, después de un par de segundos, el cliente añadió: «Su oferta me parece interesante, pase por mi oficina dentro de una semana y firmaremos el acuerdo». Apenas colgó el teléfono, el vendedor dio un salto de alegría, la moral le subió hasta las nubes y, en consecuencia, su actitud mejoró. A continuación, hizo las llamadas que tenía pendientes y fijó otras citas. Ese día consiguió vender algunos coches más. ¿Qué había pasado? Su buena actitud había influido en su comportamiento y este, a su vez, había producido resultados.

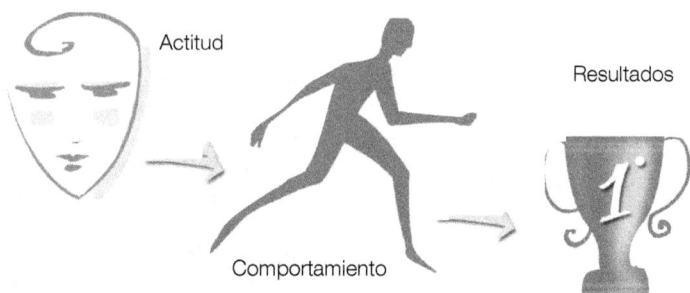

Actitud

Resultados

Comportamiento

Al día siguiente, mientras el joven, lleno de entusiasmo, se disponía a afrontar un nuevo día de trabajo, recibió una llamada del cliente que había llamado el día anterior. El vendedor respondió gustoso, pero desde el otro lado del auricular oyó que le decían: «Ayer vino a verme el chico del otro concesionario y me ha ofrecido unas condiciones que no puedo rechazar. Lo siento, le agradezco su interés de todos modos», y colgó. Podemos imaginar cuál fue la actitud del joven vendedor en ese momento. Estoy seguro de que decir que le cayó la moral por los suelos no sería una exageración.

Ese mismo día, igual que los sucesivos, evitó contactar con clientes nuevos, y a los que encontró en el concesionario no consiguió venderles ningún automóvil. ¿Qué es lo que había cambiado en su interior? ¿Había perdido su preparación? ¿Se había encontrado con clientes más complicados? Nada de eso, simplemente había perdido el control de la propia actitud y, en consecuencia, del propio comportamiento, obteniendo, de ese modo, resultados insatisfactorios.

Lo que tenemos detrás y lo que tenemos delante es poco comparado con lo que tenemos en el interior.

RALPH WALDO EMERSON

ACCESO A LA PREPARACIÓN

Como acabamos de ver, el joven vendedor de automóviles, después de recibir esa segunda llamada que nadie querría recibir, parecía haber perdido toda su preparación.

Siempre que nuestra actitud se desinfla es como si nos fallaran las fuerzas para hacer lo que en realidad estamos perfectamente capacitados para hacer.

En el mundo del deporte se puede observar a menudo este fenómeno: pensemos, por ejemplo, en esos tenistas que juegan de un modo brillante durante todo el partido, pero que acaban perdiendo en las fases decisivas del encuentro, cuando se dejan llevar por el pánico y pierden la capacidad de golpear la pelota como sólo unos minutos antes hacían con soltura. También en el fútbol vemos a jugadores infalibles chutando penaltis que fallan su tiro en la final del campeonato del mundo.

Hay vendedores que ante negocios pequeños son muy hábiles y, en cambio, ante negocios más grandes no consiguen controlar su estado de ánimo. También hay dirigentes de empresa muy preparados que pierden el control de su actitud cuando deben hablar en público en una reunión.

En esos momentos, estas personas llaman a la puerta de su preparación y no consiguen transformar lo que saben en un buen trabajo. Cuando la actitud se desploma, todos llamamos a la puerta de nuestra propia preparación.

El ejercicio que presentamos a continuación nos servirá para tomar conciencia de este fenómeno y nos ayudará a descubrir cómo nos comportaríamos frente a situaciones difíciles. ¿Adoptaríamos una **actitud debilitante** o una **actitud potenciadora**?

Recordemos que:

• se considera debilitante la actitud que hace nacer en nosotros emociones negativas: enfado, frustración, aburrimiento, etc.;
• se considera potenciadora la actitud que, por el contrario, hace nacer en nosotros emociones positivas: alegría, entusiasmo, tranquilidad, etc.

Tanto en la tabla de la actitud debilitante como en la de la actitud potenciadora aparecen tres situaciones distintas: un rechazo, una decisión importante y un conflicto.

Empiece con la actitud debilitante e identifique para cada situación descrita el tipo de comportamiento que usted adoptaría.

Por ejemplo:

ACTITUD DEBILITANTE

Situación	¿Cómo se comportaría?
Un rechazo	Empezaría por decir que en el fondo no me merecen, que no saben apreciar mis cualidades y les desearía que las cosas no les fueran por buen camino. No intentaría mejorar mi conducta, sino que buscaría la solución en otra parte.

Cuando haya completado la primera tabla, pase a la de la actitud potenciadora e identifique, para cada situación descrita, el tipo de comportamiento que usted adoptaría.
Por ejemplo:

ACTITUD POTENCIADORA

Situación	¿Cómo se comportaría?
Un rechazo	Empezaría a analizar lo que podría hacer para mejorar y así evitar encontrarme de nuevo en una situación similar. Consideraría el incidente como una experiencia de la cual aprender y valoraría varias estrategias para afrontar la misma situación con mejores y más eficaces instrumentos. Empezaría de inmediato a intentar mejorar.

Ahora le toca a usted realizar los dos ejercicios.

ACTITUD DEBILITANTE

Situación	¿Cómo se comportaría?
Un rechazo	
Una decisión importante	
Un conflicto	

ACTITUD DEBILITANTE

Situación	*¿Cómo se comportaría?*
Un rechazo	
Una decisión	
Un conflicto	

Como se puede observar, en la primera y en la segunda tabla las situaciones son exactamente las mismas; sin embargo, los comportamientos son muy distintos según la actitud que se adopte. Podemos decir que con la actitud debilitante los comportamientos son, sobre todo, **«reacciones»** que se activan cuando se produce una situación particular, mientras que con la actitud potenciadora pueden ser definidos tranquilamente como **«respuestas»**.

«El mayor descubrimiento de mi generación es que los seres humanos pueden modificar su propia vida modificando su actitud mental»

WILLIAM JAMES

La principal diferencia entre estas dos maneras de comportarse, frente a la misma situación, viene determinada por la capacidad de asumir la responsabilidad de las propias emociones. Sólo de esta manera podremos tener un total acceso a nuestra preparación.

RESPONSABILIDAD EMOTIVA

Con frecuencia me encuentro con personas que se quejan de lo que les pasa: algunas afirman que su jefe es un tirano, otras, que su compañero no les comprende, otras incluso se quejan de la sociedad en la que vivimos, como si no formaran parte de ella. Seguro que usted también habrá conocido a mucha gente que constantemente se queja. ¿Qué pasa cuando una persona pronuncia frases como las siguientes?

- «Siempre me haces sufrir».
- «Encontrarme con ese tipo me pone de mal humor».
- «Hablar en público me angustia».
- «No soporto que tarden en atenderme».
- «Cada vez que me llevan la contraria, me enfado muchísimo».
- «Cada vez que tengo que llamar a un cliente, me pongo nervioso».
- «Cuando llueve, estoy inquieto».

Si nos fijamos en el contenido de estas frases, nos daremos cuenta de algo curioso: nuestras emociones se ven influenciadas por factores externos. Esto significa que «dependemos» emocionalmente de los demás o de elementos externos, como el tiempo o las situaciones que se nos presentan.

Es cierto que no tenemos «control» sobre todo lo que pasa a nuestro alrededor y que, por consiguiente, es imposible cambiar a nuestro jefe o evitar a las personas que nos ponen de mal humor, especialmente si trabajan con nosotros, o incluso cambiar los fenómenos atmosféricos. Sin embargo lo que sí podemos hacer es transformar nuestras «reacciones emotivas» en «respuestas emotivas».

¿Cuál es la diferencia entre las dos maneras de actuar?

- Reacciones emotivas: los factores externos influyen en las emociones que sentimos, por lo que de este modo sufrimos un «control del exterior».
- Respuestas emotivas: nosotros decidimos qué emociones sentir, independientemente de los factores externos. Su característica principal es que en este caso el elemento clave es la «elección». Por lo tanto, el «control» sale del interior del individuo.

Tener la posibilidad de escoger tiene que ver con la conciencia. Significa, pues, ser consciente de lo que nos pasa y de lo que sentimos. No poder escoger significa, en cambio, que las respuestas (reacciones) salen generalmente del inconsciente.

> *«Existen tres tipos de personas: aquellas que hacen que sucedan las cosas, aquellas que miran cómo pasan y aquellas que se maravillan de lo que pasa»*
>
> JOHN M. CAPOZZI

Así pues, podemos afirmar que, para tener control sobre nuestra vida, debemos aceptar la responsabilidad de las emociones que sentimos y decidir cuáles queremos experimentar y cuáles queremos transformar de emociones negativas en emociones productivas.

LAS EMOCIONES DOMINANTES: PLACER Y DOLOR

Hasta ahora hemos hablado de emociones por un motivo muy simple que, sin embargo, a menudo pasa inadvertido. Si analizamos bien qué es lo que pasa en nuestro interior, nos daremos cuenta de que cada elección es fruto de una emoción. Aunque existen varios tipos de emociones positivas (alegría, excitación, entusiasmo, tranquilidad, etc.) y negativas (frustración, desagrado, rabia, enfado, etc.), las emociones que de verdad rigen nuestra vida se pueden resumir en dos: «dolor» y «placer». Así pues ¿son sólo dos las emociones que gobiernan nuestras decisiones? La respuesta es claramente: ¡sí!

Toda elección, igual que toda decisión, va ligada a una emoción. Todo lo que hacemos es para conseguir una emoción deseada (placer) o para huir de una no deseada (dolor).

Piense en una persona que compra un producto cualquiera, por ejemplo maquinaria para su empresa. Los motivos de la compra pueden parecer de lo más variados; sin embargo, siempre llevan consigo una emoción que alimenta la elección. Pongamos, por ejemplo, que usted es el comprador y dice: «Quiero comprar esa maquinaria porque me servirá para trabajar». Aparentemente, detrás de una frase como esta no hay emociones, pero ¿qué pasaría si usted no pudiera tener aquella maquinaria y no pudiera trabajar de un modo eficiente? Probablemente, sus ingresos no aumentarían de la forma deseada y, tal vez, se sentiría un poco frustrado (dolor). O también podría ocurrir que comprara la maquinaria y se ilusionara (placer) con los mayores ingresos que se derivarían de la adquisición.

Es muy importante darse cuenta de que las emociones determinan las elecciones en el trabajo y en la vida cotidiana.

Imagínese qué le pasa a un individuo que quiere evitar muchas emociones. Seguramente orientará su vida de un modo que le permita alejarse de todas esas profesiones que implican tener que hacer frente a emociones desagradables. Volvamos al caso de una persona que tiene dificultades para expresarse en público. ¿Cree que esta persona podrá ser profesor o trabajar dando conferencias? ¿Cree que escogerá ser vendedor si le cuesta comunicarse con extraños?

La falta de capacidad de gestión de nuestro estado de ánimo nos impide expandir nuestro círculo de influencia y nos obliga a rehuir todo lo que nos molesta (influencia de los factores externos), en lugar de escoger lo que realmente nos gusta.

VENDEDOR DE EMOCIONES

Hace tiempo, reflexionando sobre las personas que tienen mucho éxito, ganan mucho dinero y, por lo tanto, generalmente son famosas, me di cuenta de que tienen algo en común: reciben tanto dinero como emociones consiguen vender.
Tomemos como ejemplo los siguientes tipos de personas:

* actores;
* cantantes;
* deportistas;
* pintores;
* escritores;
* agentes publicitarios.

Si nos fijamos bien, veremos que su éxito parece indisolublemente ligado a la capacidad de sentir emociones y de transmitirlas. Pensemos en cuánto dinero gastamos a cambio de un estado de ánimo. Compramos entradas para ir al campo de fútbol y alegrarnos con un gol de nuestro equipo, vamos al cine para llorar o reír y a un concierto para sentir vibrar el cuerpo al ritmo de la música. Parece que no se puede vivir sin emociones. Si lo pensamos un poco, nos daremos cuenta de que buscamos esas emociones fuera de nosotros. En cambio, lo verdaderamente importante en la vida es saber encontrar y utilizar los instrumentos que crean las emociones en nuestro interior. De esta manera seremos nosotros quienes controlemos siempre nuestras emociones. Si usted quiere, podrá seguir encontrando agradable buscar estímulos en el exterior, pero es muy importante que hacerlo sea una elección y no una necesidad.
Hasta ahora hemos hablado de por qué es importante decidir ser autosuficientes y hemos comprendido la importancia que tiene cambiar el modo de percibir la realidad. Ahora que sabemos que es necesario hacer algo, veamos juntos cuándo hay que hacerlo.

RESPUESTAS CONDICIONADAS

Hay días en los que todo parece andar a las mil maravillas. Salimos de casa y el sol brilla radiante, cogemos el coche y no encontramos tráfico, llegamos al trabajo y encontramos un ambiente positivo. Todos nos saludan con cordialidad y empezamos el día de la mejor manera posible. Nuestras emociones son agradables, nos sentimos llenos de energía, sabemos que el día irá perfectamente y nada podrá impedirnos obtener resultados positivos. Nuestra actitud es la de los mejores días, pero, en un determinado momento, entra en la oficina alguien con quien nos hemos discutido acaloradamente hace algún tiempo. De repente, nuestro estado de ánimo cambia, empezamos a sentir cierto malestar, el pulso se nos acelera y las manos nos empiezan a sudar. En definitiva, repentinamente, nuestra actitud se vuelve debilitante.

¿Qué es lo que ha ocurrido? Sólo un momento antes estábamos bien y de pronto el día se ha vuelto pésimo. Lo que ha pasado es que hemos tenido una respuesta condicionada por un estímulo del exterior. A todos nos ocurre a menudo. De hecho, a todos nos puede pasar que nuestro estado de ánimo caiga en picado en un instante, justo en el momento en que nos adelanta un coche de la policía con las sirenas a tope o cuando una persona nos corta el paso en la calle. Un instante antes estábamos bien, pero de repente se nos dispara el corazón y perdemos el control de nuestras emociones.

LOS PERROS DE PAVLOV

El fisiólogo ruso Ivan Petrovic Pavlov, mientras estudiaba el sistema digestivo de los perros, notó que cada vez que se acercaba a estos para darles de comer, aumentaba abundantemente la salivación de los animales. Así que empezó a realizar algunos experimentos de asociación entre la comida y otros elementos. Para empezar, decidió hacer sonar una campanita justo antes de darles de comer. Después de repetir la misma acción varias veces, los perros empezaron a salivar con el simple sonido de la campanita, aunque no vieran la comida o ni siquiera se la dieran. Pasado mucho tiempo, los perros seguían manteniendo el mismo tipo de respuesta fisiológica, asociada siempre al sonido de la campanita. Lo que había hecho Pavlov era crear en los perros una respuesta condicionada a un determinado estímulo.

También nosotros los humanos funcionamos del mismo modo. Algunos estímulos nos provocan respuestas condicionadas y estas aparecen sin que nos demos cuenta. Empezamos a sentir malestar cuando vemos a una determinada persona y no sabemos por qué, o si lo sabemos, igualmente no conseguimos controlar nuestro estado de ánimo. A veces, tenemos que hacer frente a una reunión y, a pesar de haberla preparado a la perfección, un imprevisto hace añicos nuestra actitud y la cambia de signo.

¿Qué podemos hacer para controlar nuestros comportamientos impulsivos y redirigir nuestro globo en la dirección deseada? Principalmente dos cosas:

• no sólo definir lo que esperamos hacer en una determinada situación, sino también establecer desde el principio el estado de ánimo que queremos tener;
• aprender a reforzar emotivamente cada neuroasociación positiva presente en nuestro cerebro.

BIOORDENADOR Y NEUROASOCIACIÓN

Muchos jóvenes desean recibir como regalo de sus padres un ordenador. En realidad, este regalo ya lo han recibido al nacer, dado que nuestro cerebro, por capacidad y complejidad, es el «bioordenador» más potente que existe. Aunque las investigaciones estén en continua evolución (se estima que el 95 % de los conocimientos sobre el cerebro se han obtenido en los últimos diez años), podemos hacernos ya una idea bastante concreta del funcionamiento del cerebro. Se ha calculado que tenemos alrededor de cien mil millones de células cerebrales (neuronas) y se sabe que cada una de ellas es como un potente ordenador capaz de crear, transmitir y recibir datos, incluso simultáneamente. Las células parecen una especie de pulpo y, además de tener un cuerpo central, poseen hasta decenas de millares de tentáculos que pueden entrar en contacto con otras tantas células cerebrales en el mismo instante. Supongamos, por ejemplo, que pensamos en la palabra *madre* y que esta se encuentra en una célula cerebral. ¿Cuántas otras neuronas pueden estar relacionadas con la neurona «madre»? Muchas, por lo que, si oímos decir *madre*, al instante se activarán incluso las neuronas que contengan las palabras relacionadas como: *comida, calor, protección, casa, familia,* etc.

Resulta difícil pensar cómo puede acabar una serie de conexiones neuronales, y es que cada una de estas neuronas activadas con la palabra *madre* puede tener sucesivas asociaciones. Por ejemplo, a la neurona «comida», que aparece conectada a la palabra *madre*,

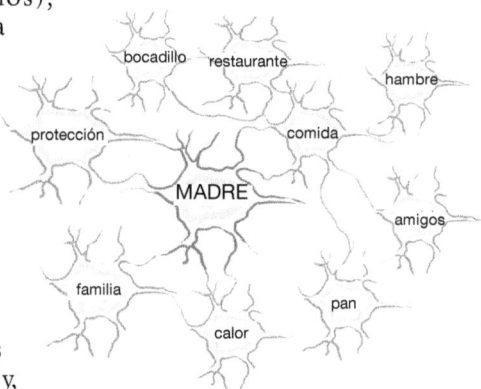

estarán conectadas otras innumerables células cerebrales, que a su vez evocarán otras asociaciones como: *restaurante, hambre, amigos, bocadillo, pan,* etc. Como habrá podido observar, el poder de la conexión/asociación es verdaderamente impresionante, lo que demuestra que tenemos a disposición un extraordinario bioordenador capaz de gestionar una cantidad ilimitada de información.

¿Por qué estamos hablando de neuroasociación? Porque si activamos más de una vez dos o más neuronas simultáneamente o sentimos una emoción fuerte unida a su activación, estaremos creando un fuerte vínculo entre ellas y, cada vez que nos encontremos de nuevo con la misma situación que estimula esa neurona, se activarán automáticamente también las neuronas conectadas. Este proceso físico es la causa de las respuestas condicionadas y de los hábitos.

Pongamos un ejemplo práctico. Suponga que acaba de recibir por teléfono una noticia terrible como la muerte de un ser querido. En ese momento, su cerebro habrá conectado la neurona «llamada» con la neurona «muerte» o la neurona «dolor». Como consecuencia de eso, es posible que cada vez que reciba una llamada su estado de ánimo pueda relacionarse emotivamente con el doloroso suceso. Es evidente que en esas circunstancias vería al teléfono como algo desagradable e inconscientemente evitaría todo lo que tuviera relación con una llamada telefónica. El mismo procedimiento se repite frente a una emoción placentera, por lo que siempre tenderemos a buscar y a repetir todo lo que nos provoque la misma sensación de placer.

Estos mecanismos se activan incluso en ausencia de fuertes emociones: si las neuronas se activan juntas repetidamente, cuando se active una se activará la otra, y también en este caso el vínculo resultará tan fuerte que acabará por crear un hábito. Usar siempre el tenedor con la mano derecha es un ejemplo de cómo acciones que repetimos (neuroasociaciones repetidas) son responsables de los hábitos. Así pues, cada vez que nos encontremos frente a un plato de comida y tengamos a nuestra disposición un tenedor se activará automáticamente la neurona «mano derecha».

Con frecuencia, hay comportamientos que empiezan motivados por una sensación de placer o dolor, y la repetición de ese comportamiento acaba produciendo un esquema que se repite (hábito). Todas estas operaciones que tienen lugar en nuestro cerebro se realizan a una velocidad increíble. De hecho, nuestro cerebro, en una fracción de segundo, nos permite reconocer una cara familiar, encontrar agradable a una persona y determinar rápidamente si algo nos produce placer o dolor. Y justo trabajando en la neuroasociación placer-dolor podemos cambiar nuestra conducta y nuestros comportamientos.

NEUROASOCIACIONES OBSTACULIZANTES

En ocasiones, nos encontramos frente a situaciones que nos provocan emociones placenteras, y por algún motivo extraño nos acercamos y nos alejamos continuamente de ellas sin darnos cuenta de lo que pasa. Este comportamiento deriva de las neuroasociaciones mixtas, es decir, de elementos conectados emotivamente tanto al placer como al dolor. Uno de los casos más frecuentes tiene relación con el dinero, respecto al cual muchos de nosotros experimentamos asociaciones mixtas.

Algunas asociaciones de placer nos empujan hacia él:

• bienestar;
• seguridad;
• libertad;
• confort;
• viajes;
• beneficencia.

Y, en cambio, otras asociaciones de dolor nos alejan de él:

• codicia;
• impuestos;
• preocupaciones;
• sentimiento de culpabilidad;
• miedo a ser robados;
• ausencia de espiritualidad.

Es evidente que ante neuroasociaciones de este tipo nuestro cerebro se sentirá confuso y no sabrá qué hacer, porque siempre se encontrará frente a un dilema. Habrá periodos en los que aumentaremos nuestros ingresos y con el incremento de dinero se dispararán las neuroasociaciones de placer, pero apenas recibamos unos ingresos realmente considerables, comenzaremos a sentirnos mal por las neuroasociaciones de dolor que siempre inspira la posesión de dinero. Lo que determina esta situación no es sólo el número de factores, sino también la intensidad emocional y el peso que cada uno de estos factores tenga para nosotros. En algunos casos un solo factor negativo puede tener mayor influencia sobre nuestro comportamiento que diez factores positivos.

Para salvar la situación existe un método muy eficaz que consiste en potenciar las asociaciones de placer; este método se denomina refuerzo emotivo.

EL REFUERZO EMOTIVO

La psicología ha logrado identificar las respuestas que inducen a un determinado comportamiento a reforzarse y continuar repitiéndose o bien a extinguirse. Frente a un comportamiento determinado, deseado o no, podemos dar tres tipos de respuesta:

1 premiar;
2 castigar;
3 ignorar.

Estas reglas sirven tanto si las aplicamos a otros como si las empleamos para nosotros mismos. Veamos qué ocurre cuando utilizamos estas respuestas.

Premiar: cuando damos un premio a alguien o nos los damos a nosotros mismos después de un determinado comportamiento, estamos manifestando, conscientemente o no, aprobación y amor. De este modo, se instaura un refuerzo positivo y el comportamiento tenderá a repetirse.

Castigar: no siempre se consigue interrumpir un comportamiento no deseado con un castigo. A menudo, el comportamiento tenderá a repetirse a pesar del castigo, porque en algunas situaciones este se considera, desde el inconsciente, como una forma de llamar la atención. Recuerde que nuestro gigante es un niño y que se comporta como tal: si lo castiga, podría interpretarlo como un gesto de afecto y devolvérselo repitiendo exactamente lo que estaba haciendo.

Ignorar: cuando se ignora un comportamiento, este tiende por regla general a extinguirse. Cuando una persona nos está hablando y no le prestamos atención, esta normalmente deja de hablar. Si no satisfacemos nuestro mayor deseo, es decir, la necesidad de atención y amor, interrumpimos el esquema de comportamiento y adoptamos uno nuevo.

Resultará útil que pongamos un ejemplo práctico, demostrando qué pasa en realidad cuando se utilizan algunos tipos de respuesta a los comportamientos. Un recién nacido, cuando no duerme, conoce dos tipos de comportamiento: estar tranquilo o llorar. Cuando está tranquilo en su cuna, los padres a menudo lo ignoran y se ocupan de otros asuntos. ¿Qué es lo que están haciendo en realidad los padres?

Están «ignorando» al niño. No hay nada de malo en eso, pero el bebé tenderá a extinguir este tipo de comportamiento y rápidamente adoptará otro que le proporcione atención y amor (placer). Pero esto no acaba aquí, porque queda una parte del tiempo en la que el niño llora, y ¿qué es lo que hacen los padres en esta situación? Lo «premian», dedicándole atención y amor, sin darse cuenta de que este tipo de respuesta es considerada por el niño como un premio, por lo que tenderá a repetir ese comportamiento. Tampoco en este caso hay nada de malo, si no fuera porque los padres a menudo se quejan de que los niños, cuando son más mayores, siguen llorando sin parar, ignorando que han sido precisamente ellos quienes han usado un refuerzo positivo, instaurando una neuroasociación de placer ligada al llanto y favoreciendo así la repetición de este comportamiento.

Volviendo a lo que nos incumbe, cada vez que haga un pequeño paso en la consecución de sus metas es importante que refuerce sus comportamientos premiándose. Si está haciendo una dieta, no espere a perder diez kilos para premiarse, felicítese cada vez que, frente a una pastelería, decida no entrar. Tenemos la necesidad de premiarnos por cada pequeña acción productiva, sobre todo al principio, cunado nuestras neuroasociaciones positivas aún no están bien erradicadas. Cuando realice un proyecto a largo plazo, fíjese objetivos intermedios, márquese pequeñas etapas y justo cuando consiga una recompénsese. De este modo, establecerá un fuerte vínculo entre el placer y lo que está haciendo. Cuando este vínculo sea suficientemente fuerte, se creará en usted un hábito sano y no necesitará utilizar más el refuerzo positivo, sino que lo hará por el simple placer de hacerlo. Recuerde que, sobre todo al principio, los comportamientos que ignore y olvide reforzar desaparecerán.

Así pues, conocer los mecanismos de refuerzo le permitirá actuar sobre las fuerzas que le inducen a obrar. Y, además, también podrá utilizarlos para reforzar sus comportamientos productivos, siempre que lo haga de la manera adecuada y, sobre todo, en el momento preciso.

PRÉMIESE RÁPIDAMENTE

Hace tiempo tuve algún problema con mi perro. Resulta que hacía justo lo contrario de lo que debía hacer o, por lo menos, de lo que yo quería que hiciese. Cuando llegaba a casa descubría que había hecho sus necesidades en alguna parte del apartamento. Yo le gritaba y le decía que no lo hiciera; sin embargo, no cambiaba nada. Una noche, cuando llegué, vi que mi perro había hecho sus necesidades en el lugar que tenía destinado para ello. No me lo podía creer, estaba muy contento y me dije: «Al final ha aprendido». Así que, sin dudarlo, lo premié con una de sus galletas preferidas y ambos estuvimos muy contentos, él porque podía comer su comida preferida y yo porque, finalmente, había dejado de encontrar sorpresas desagradables por casa. A la noche siguiente, impaciente por volver a casa para jugar un poco con él, me encontré con la triste sorpresa de que nuevamente había hecho sus necesidades en el sitio equivocado. Entonces decidí ir a consultar a un veterinario especializado en comportamiento animal. Lo que me dijo me hizo comprender que los animales se comportan un poco como nuestro gigante. De hecho, me explicó que si quería premiar al perro porque había hecho algo como debía, no podía hacerlo ni unos minutos ni unas horas después del hecho, porque no habría creado la neuroasociación entre el comportamiento adecuado y el premio. El mecanismo de castigo funciona del mismo modo, aunque es desaconsejable como método de persuasión, tanto para los perros como para nosotros mismos, porque provoca resentimiento y respuestas defensivas. Las palabras del veterinario me hicieron comprender la importancia de que el refuerzo positivo llegue en concomitancia con el comportamiento deseado, cosa que a menudo no se produce. El refuerzo negativo, como el de placer, produce resultados inmediatos.

LAS VISITAS A LA MADRE

Un día una amiga me contó que, cada vez que iba a ver a su madre, esta se quejaba de que le hacía pocas visitas. Como es natural, esta situación hacía sufrir mucho a mi amiga. ¿Qué es lo que en realidad hacía la madre con sus quejas? Estaba creando una neuroasociación de dolor justo cuando la hija la estaba visitando. En esa situación el gigante de la hija empezó a relacionar emotivamente a «la madre» y «la visita» con el dolor, una buena manera de acabar con una relación e inducir a mi amiga a reducir progresivamente los encuentros con su madre. Si esta deseaba que su hija fuera a verla con más frecuencia, hubiera sido más útil vincular la visita a una neuroasociación de placer. Con sólo decir, por ejemplo, que estaba muy contenta de verla, la madre habría usado un refuerzo positivo, y si hubiera acertado a hacerlo en el momento justo, hubiese provocado, a través del premio, que se repitiera el comportamiento deseado.

Usted también debe evitar los refuerzos negativos y aprender a usar a tiempo los refuerzos positivos, aunque no siempre, porque si lo hiciera constantemente, podría acabar por no surtir efecto.

EL PROGRAMA DE REFUERZO VARIABLE

El entrenamiento de los perros también se consigue a través de refuerzos positivos. Las primeras veces el premio debe ser constante, hasta que se consiga el comportamiento deseado. Por ejemplo, un salto se premiará siempre, hasta que el perro deje de asociar el esfuerzo con el premio y continúe saltando sin este.

Puesto que este mecanismo consolida los estándares sobre valores relativamente bajos, llegados a un punto determinado el instructor empezará a premiar al perro sólo cuando efectúe un salto más alto; así conseguirá mejorar la ejecución del mismo.

En este punto el instructor introducirá el «efecto sorpresa» y dará el premio, por ejemplo, cuando el perro haga el cuarto salto, y otra vez cuando haga el sexto. De este modo el perro estará motivado a efectuar siempre saltos al máximo nivel. Si, por ejemplo, siempre diéramos el premio al quinto salto el perro realizaría cuatro saltos mediocres y sólo se esforzaría en el quinto.

Con el efecto sorpresa, en cambio, se obtiene siempre el máximo esfuerzo. Este método se conoce como «programa de refuerzo variable».

SORPRÉNDASE

Hasta ahora hemos visto que es muy importante utilizar los refuerzos positivos con premios, pero atención, no hay que exagerar: ¿qué pasaría si nos premiáramos continuamente? Lo que al principio era una sorpresa agradable al final acabaría por convertirse en un hecho normal y el efecto deseado desaparecería.

Piense qué pasaría si usted jugara a cartas con un amigo y siempre ganara. Tarde o temprano usted acabaría por aburrirse y al final dejaría de jugar. Lo mismo pasaría si fuera usted el que perdiera siempre. Por algún motivo que desconozco, nos vemos atraídos por todo aquello que nos puede reservar sorpresas agradables. Los mismos principios que sirven para adiestrar animales también son válidos para nuestro gigante. Las personas que van al casino se sienten atraídas por este premio «sorpresa» y juegan sin parar. De vez en cuando ganan algo y luego esperan ansiosas que el efecto sorpresa vuelva a hacer acto de presencia en forma de premio.

Los refuerzos con el factor sorpresa son muy potentes y pueden empujarnos hacia nuestro objetivo, pero también sabotearlo; todo depende de cómo los utilicemos. Si, por ejemplo, estamos a dieta y de vez en cuando nos premiamos con un atracón, estaremos provocando un refuerzo con el factor sorpresa y despertaremos las neuroasociaciones relativas a comer en exceso. Si usted decide cambiar un comportamiento, no se dé nunca sorpresas que tengan como premio conseguir comportamientos que quiere abandonar.

Si quiere dejar de fumar, no se premie con un cigarrillo *de vez en cuando*, de este modo estaría utilizando el mejor refuerzo para conseguir el peor comportamiento.

Habitúese a sorprenderse con algún premio justo cuando haya dado un paso adelante, a condición de que se trate de un refuerzo de placer relacionado con algo que le haga bien.

DE ERROR A *FEEDBACK*

Ahora ya sabe que las emociones que gobiernan sus acciones, como el placer y el dolor, tienen influencia en su vida y en sus decisiones, ha aprendido cómo se crean los hábitos y cómo anular sus comportamientos saboteadores reforzando lo que hace correctamente. Antes de conocer los «carburantes» que elevarán de modo permanente la llama de su actitud, le falta sólo aprender algo muy importante relacionado con las emociones: cómo transformar la percepción de fracaso en *feedback*.

Recuerde que todo lo que ha hecho hasta ahora no debe ser necesariamente lo que hará a partir de este momento, porque el pasado nunca es igual al futuro, sobre todo si se aprovecha toda la experiencia que ofrece la vida. Si continúa viendo los errores como tales, se encontrará con que los proyectará constantemente en el futuro y al final, inevitablemente, los volverá a cometer. Debe saber que si se obsesiona con los errores, lo único que conseguirá será reforzarlos.

Veamos ahora un ejemplo de este fenómeno. En los últimos años hemos oído hablar mucho de diversos métodos para adelgazar. Hay mucha confusión al respecto: unos métodos, totalmente opuestos a otros, sostienen, por ejemplo, que no hay que comer proteínas e hidratos de carbono juntos; otros, que lo esencial es hacer ejercicio físico, y otros, sin embargo, afirman incluso que el ejercicio físico no sirve de nada si luego se sigue una dieta hipercalórica. Así que hay dietas para todos los gustos. Lo más curioso es que todas funcionan con algunas personas y ninguna funciona con todas: hay personas que adelgazan con una dieta y otras que adelgazan con una totalmente opuesta. ¿Cómo podemos saber cuál es la que debemos seguir? Mediante algunas investigaciones se ha descubierto que el elemento común en todas las personas que habían tenido éxito con la dieta era, en primer lugar, el convencimiento de que lo que hacían funcionaría. Y, en segundo lugar, que ninguna de esas personas tomaba en consideración los fracasos anteriores. Si hemos hecho diez dietas, siguiendo otros tantos métodos, y ninguna ha funcionado, no existen motivos para pensar que la undécima no funcionará, a menos que recorramos el mismo camino de siempre, repitiendo los mismos errores que hicieron fracasar las diez dietas anteriores. El hecho es que muchas personas trasladan sus experiencias pasadas al futuro, y de esta manera lo condicionan.

Robert Dilts, en su libro sobre los niveles del pensamiento, cuenta que en una ocasión entrevistó a un inventor que había preparado un dispositivo para elaborar imágenes, pero que, hasta perfeccionarlo, había realizado muchas tentativas. Dilts le preguntó cómo había conseguido mantenerse fiel a su objetivo después de tantos intentos fallidos. Su respuesta fue que él no los había considerado intentos fallidos, sino soluciones a problemas diversos respecto a aquello en lo que estaba trabajando. Este es un buen ejemplo de «actitud correcta». El conocido educador americano Anthony Robbins sostiene que «los fracasos no existen, sólo existen los resultados», que pueden ser deseados o no deseados. Esfuércese en utilizarlos como *feedback* y aprenda de ellos. Si se habitúa a pensar de este modo, encontrará grandes riquezas en lo que le ha ocurrido que le ayudarán a determinar lo que le ocurrirá.

> «Cada fracaso es sólo una oportunidad para llegar a ser más inteligentes»
>
> HENRY FORD

SABER DECIR NO

Coma acabamos de ver, las derrotas son tan importantes como las victorias y es inevitable recibir algún revés antes de conseguir lo que queremos. La vida de los grandes personajes de la historia demuestra a menudo que el éxito conlleva sufrir alguna derrota.

Hace unos meses asistí a una conferencia de Jim Rohn que trataba, precisamente, sobre el tema de los fracasos abordados desde otro punto de vista. El conferenciante usó como ejemplo el béisbol y dijo que si un jugador, de media, golpea la pelota una vez sobre diez se le paga un precio; si su promedio es de dos golpes sobre diez, la compensación aumenta en desmesura, para convertirse en una fortuna si los golpes son tres sobre diez. La cuestión es que el jugador debe aceptar satisfecho siete, ocho o nueve «fracasos» sobre diez. Si pensamos en este concepto, nos daremos cuenta de que es la dificultad lo que da valor al resultado. ¿Qué satisfacción obtendríamos si lo que hiciéramos no encontrara ninguna resistencia? Si, por ejemplo, tuviéramos que competir en una carrera con una persona que muy inferior a nosotros, ¿qué gusto sacaríamos de la victoria?

Personalmente estoy profundamente convencido de que las dificultades existen a propósito, para averiguar la determinación que mostramos en nuestros intentos y el esfuerzo que estamos dispuestos a realizar para conseguir lo que queremos. Después de todo, no sería ni siquiera justo dar un gran premio a alguien que sólo está dispuesto a hacer un pequeño esfuerzo. La verdadera riqueza se encuentra allí donde sólo pocos están dispuestos a llegar. Incluso la luz que obtenemos de una bombilla es el fruto de la energía que pasa a través de una resistencia. Lo mismo nos ocurre a nosotros: antes de que el éxito nos sonría, debemos superar las resistencias que encontremos por el camino.

«La maravillosa riqueza de la experiencia humana perdería algo de satisfacción si no hubiera límites que superar. El momento en que se consigue llegar a la cima de la montaña no sería ni la mitad de maravilloso si no hubiera valles tenebrosos que atravesar»

HELLEN KELLER

SOY UN CAMPEÓN

En una ocasión, se vio a un chico con una gorra de béisbol que jugaba con un bate y una pelota. En un momento determinado, el joven dijo con orgullo: «Soy el mejor jugador del mundo». Entonces lanzó la pelota al aire, intentó golpearla con el bate, pero falló. Impertérrito, recogió la pelota, la lanzó al aire y dijo: «¡Soy el mejor jugador de todos los tiempos!». Intentó volver a golpear la pelota con el bate, pero tampoco lo consiguió. A continuación, se paró un momento a examinar detenidamente el bate y la pelota. Y, una vez más, lanzó la pelota al aire y dijo: «Soy el mejor jugador de béisbol que se haya visto nunca». Dio un enérgico golpe con el bate y de nuevo le falló la puntería. «¡Uau!», exclamó. «¡Qué gran lanzador!».

De: *Sopa de pollo para el alma*, de JACK CANFIELD y MARK VICTOR HANSEN

LOS CARBURANTES

Ahora nos ocuparemos de los carburantes que alimentan la llama de nuestro globo. Como ya sabemos, las acciones que llevamos a cabo se basan en el estado de ánimo, y este viene determinado por la **preparación**, los **recursos mentales** y los **recursos físicos**.

No destacaremos mucho la «preparación», aunque sea de fundamental importancia, porque no tengo la posibilidad de saber lo que ya conoce. Sin embargo, podemos concentrarnos en cómo utilizar lo que conoce e integrar la preparación con los otros recursos. Considere la preparación como si fuera su botella de oxígeno: funcionará como comburente sin el cual sus combustibles no serán activados por la llama. Por lo tanto, debe saber que, sin preparación alguna, todo el resto no le servirá de gran ayuda, sino como estímulo para mejorar su preparación. Los argumentos y, sobre todo, las ejercitaciones propuestas han de seguirse de un modo constante y consciente durante, al menos, un mes cada uno, hasta que para el gigante se haya convertido en un hábito acceder a tales recursos. Podemos iniciar el primer mes con uno de los recursos, elegido libremente, y cuando lo hayamos metabolizado, podremos pasar a ejercitar otro recurso el mes siguiente. Es importante desafiarse cada mes, con la adquisición de un nuevo recurso ganador; de otro modo, nuestro subconsciente podría buscarse cualquier otro pasatiempo debilitante.

Empiece ahora mismo: lo importante es dar el primer paso; transcurrido un tiempo, se dará cuenta, mirando hacia atrás, de qué placentero es descubrir que se ha recorrido mucho camino.

EL CARBURANTE MENTAL

Lenguaje –
Lenguaje interior –
Imágenes mentales –
Imágenes que vemos –

recursos mentales

Cuando vemos una película, con frecuencia nos involucramos y sentimos emociones que pueden ir de la alegría al miedo. Este poder de influencia sobre nuestras emociones procede de aquello que vemos y oímos durante el espectáculo. Del mismo modo, en nuestra vida, las emociones que nos gobiernan son alimentadas por las imágenes que vemos, tanto por lo que ocurre delante de nuestros ojos, como por lo que imaginamos, así como por el lenguaje que oímos, ya sea el nuestro, ya sea el de las otras personas.

De estos elementos nacen las emociones, que crean las acciones, que, a su vez, modelan nuestra vida. Para administrar de la mejor manera posible nuestras emociones, en esta sección trataremos, en primer lugar, los elementos que constituyen el carburante mental, es decir, el **lenguaje** que utilizamos cuando nos comunicamos con los demás, el **lenguaje interior**, las **imágenes mentales** y las **imágenes que vemos habitualmente**.

EL LENGUAJE

LA PALABRA CREÓ EL MUNDO

En estos últimos años he podido estudiar las razones por las que algunos países son más activos que otros y cuáles pueden ser las bases que constituyen el éxito de una comunidad. Durante un tiempo pensé que la laboriosidad y la prontitud de un pueblo estarían determinados por factores climáticos. De hecho, según algunas teorías, en las regiones en las que el clima es particularmente frío, los habitantes deben efectuar la siembra durante un periodo muy breve de tiempo, a diferencia de los países de clima más plácido. Esta necesidad, a lo largo de los siglos, habría habituado a los habitantes de las regiones frías a ser más eficientes y puntuales que los de los países cálidos. Sin embargo, esta teoría no parece ser siempre válida.

Mis investigaciones se han trasladado ahora al lenguaje, que se ha revelado como una clave de lectura mucho más interesante. Constaté que casi todos los países de lengua anglosajona tienen una economía floreciente, independientemente de su latitud: Inglaterra, Estados Unidos, Nueva Zelanda, Hong Kong, Malta, Gibraltar, etc. Todo esto me ha llevado a pensar que el lenguaje no es simplemente un modo de describir la realidad, sino una función importante en la elaboración del pensamiento.

El filósofo Wilhem Von Humboldt estudió ampliamente las lenguas y las características de muchos pueblos y llegó a la conclusión de que la diferencia entre las lenguas era tal que no se debía simplemente a un uso diverso de los signos y de las palabras. Según Von Humboldt, «las diversas lenguas constituyen visiones del mundo distintas». Para el filósofo alemán, no sólo habría interpretaciones diferentes de la realidad según los distintos tipos de lenguaje, también se puede decir que cada lengua crea su propio mundo.

Asimismo, el especialista en psicolingüística Stephen Levinson, del Max-Planck-Institut für Psycholinguistick de Nijmegen, sostiene que la lengua que aprendemos de niños influye notablemente sobre nuestro modo de pensar y de actuar. De hecho, en algunos de sus experimentos, en los que se preveía la colocación espacial de objetos, constató que personas de lenguas diversas tienden a disponer los objetos de modo distinto, adoptando modalidades coherentes con las estructuras de sus respectivas lenguas.

Tras sucesivas investigaciones, he compilado algunos datos que refuerzan la idea de que el lenguaje es decisivo para el éxito de un país. La lengua inglesa, en efecto, posee un número de palabras notablemente más elevado que cualquier otra lengua. Esta riqueza léxica le permite disponer de palabras específicas para cada situación y obtener así más precisión en el pensamiento. Se trata, naturalmente, de un proceso inconsciente, pero muy eficaz: a mayor cantidad de vocabulario, mayor precisión en el pensamiento. En pocas palabras, se podría decir que «palabras precisas determinan acciones precisas». Otras investigaciones han demostrado que la lengua inglesa está formada por una cantidad considerable de verbos (es decir, palabras que indican las acciones), y no es casualidad que para los anglosajones sean importantes el hacer, el actuar y la actividad. Podemos dar como cierto, por consiguiente, que el lenguaje determina nuestro destino.

PALABRAS Y EMOCIONES

Existe, pues, un vínculo estrecho entre cómo hablamos y cómo nos comportamos. Y, por lo tanto, podemos comprender que si es verdad que las emociones determinan las acciones, también lo es que las palabras determinan las emociones. De este modo, podemos completar la asociación **emoción-comportamiento** con la asociación **palabra-emoción-comportamiento**. Así pues, cada vez que tenemos un cierto tipo de comportamiento, significa que anteriormente hemos experimentado una emoción que nos ha hecho actuar según el principio de placer-dolor, y que, todavía antes, una palabra ha producido la correspondiente emoción. La palabra es, por lo tanto, una especie de etiqueta lingüística ligada a la realidad emocional.

Lo interesante consiste en el hecho de que si no poseyéramos en nuestro lenguaje habitual palabras que describieran algunas emociones, difícilmente conseguiríamos sentirlas. Las personas que experimentan una emoción de odio, por ejemplo, son las mismas que se manifiestan diciendo: «Odio hacer esto», o bien «Odio a aquella persona», o incluso «Odio mi trabajo». Esta expresión de odio determina el comportamiento que de él se deriva. Si intentamos pensar en alguien que use habitualmente estos términos, nos daremos cuenta de que también posee los comportamientos relacionados. **Esto significa que nuestros comportamientos dependerán de las palabras que usemos para expresar nuestras emociones.**

Si las palabras que escogemos para manifestar las emociones son siempre las mismas, las emociones que experimentaremos también serán iguales, y nuestros comportamientos actuarán en consecuencia. Desgraciadamente, nuestra lengua es más pobre en emociones positivas que negativas. Si buscamos en el diccionario, encontraremos que las emociones negativas (odio, tristeza, melancolía, etc.) representan aproximadamente el doble que las positivas (alegría, felicidad, serenidad, etc.). Esta condición no nos impide, sin embargo, ampliar nuestra gama emocional, dado que, si aprendemos a usar más palabras que describen las emociones, podremos vivir también una vida emocionalmente más variada.

PALABRAS DE ORO Y PALABRAS DE PLOMO

Con frecuencia, las palabras de grandes líderes han sabido evocar grandes emociones, y lograr la adhesión a su causa de muchas personas cambiando el destino de poblaciones enteras. Estas personas han encontrado las palabras justas para incidir sobre nuestros sentimientos, sobre nuestras convicciones, y convenciéndonos para actuar. Podemos decir que han utilizado **palabras de oro.**

A veces también sucede que se oyen palabras que suenan como amenazas, palabras que zahieren el orgullo, que hieren el ánimo y dejan marcas indelebles. Cuando un padre dice a un hijo: «Eres un inútil», está usando **palabras de plomo,** que provocan una herida, como si hubiese disparado con una pistola. Es verdad también que, con frecuencia, las palabras no se utilizan intencionadamente; sin embargo, a veces se nos escapan y, una vez han salido de nuestra boca, van a dar en el blanco emotivo. La historia que sigue muestra cómo las palabras inciden sobre la vida de una persona.

UN HIJO INQUIETO

Un queridísimo amigo mío, que tiene un hijo que desde pequeño ha mostrado una gran energía, me explicó que no conseguía nunca hacerle estar quieto: mientras trabajaba, su hijo entraba en el despacho y se divertía haciendo caer los libros de los estantes de la librería. Los intentos por impedírselo eran vanos. Mientras mi amigo lo retenía por un brazo, con la otra mano le enseñaba a hacer otro tipo de daño. Como mi amigo conoce a fondo la psicología infantil, se supo controlar y evitó reacciones físicas como una azotaina, pero de vez en cuando, preso de la exasperación, espetaba un sonoro: «¡Desaparece!». Actualmente, su hijo es ya mayor y, ¿sabe qué hace de cuando en cuando? Desaparece de casa durante algunos días. Es increíble observar la influencia que una palabra de plomo ha tenido sobre el comportamiento de este joven.

Cuando alguien nos dice palabras de plomo introduce en nosotros cambios de comportamiento, aunque sólo sucede claramente si se trata de una persona emotivamente importante para nosotros. Es, pues, oportuno saber que las voces que por lo general tendemos a reconocer como importantes (y, por consiguiente, a seguir) tienen un orden jerárquico:

- nuestra voz;
- la voz de nuestra madre;
- la voz de nuestro padre;
- la voz de la persona amada.

Muchas personas han entendido que las palabras son un medio extraordinario para convencer a los demás, pero sólo pocas se dan cuenta de cómo las palabras pueden protegernos, animarnos, influir de modo positivo en nuestra vida y determinar nuestro destino. El uso constante de palabras de oro, de hecho, puede proporcionar a nuestra llama de la conducta carburante suficiente como para mantenerla siempre viva. En cambio, el uso de las palabras equivocadas puede apagarla y no permitirnos nunca llegar al destino.

DE PLOMO A PLATINO

La utilización de palabras diversas puede producir resultados totalmente diferentes tanto en nosotros como en los demás.

ADIVINANZA O PROBLEMA

Hace algunos años tuve que afrontar una cuestión con un colega del trabajo. Como las cosas no estaban yendo como debían, nos sentamos a la mesa para discutir el asunto. Recuerdo que estaba particularmente preocupado por aquella situación y quería encontrar una solución en el menor tiempo posible. Le dije a mi colega: «Tenemos un problema». Pero apenas hube pronunciado esas palabras, él me corrigió y me dijo: «Tenemos una adivinanza, en todo caso». Me quedé perplejo por su modo de expresarse, porque yo estaba completamente frustrado por la situación y no podía definirla simplemente como «una adivinanza»; debía llamarla «problema» y lo repetí nuevamente, afirmando: «No, no se trata en absoluto de una adivinanza, sino de un problema, de un problema de verdad». Él insistió y afianzó su posición: «Entonces, veámoslo como una adivinanza. ¿Qué diferencia hay?». Yo respondí: «Diría que hay una gran diferencia. Los problemas los afronto con un cierto estado de ánimo; las adivinanzas, con otro». Apenas hube pronunciado esas palabras, me di cuenta de lo que acababa de decir y nos pusimos a reír.

En efecto, si hacía frente a la cuestión etiquetándola como un problema, mi ánimo empezaba a entrar en aquel estado de desaliento que de poco sirve para resolver los contratiempos. En cambio, atribuir a aquella cuestión la etiqueta de adivinanza me ponía en mucho mejor estado de ánimo. Cuando resuelvo una adivinanza busco soluciones por todas las vías, explorando nuevos puntos de vista, animado por un espíritu de curiosidad, mientras que cuando me enfrento a un problema, me preocupo y me centro, sobre todo, en el problema, antes que en las soluciones.

Cuando imparto seminarios sobre liderazgo ofrezco con frecuencia el siguiente ejemplo: imagínese a dos líderes que se encuentran perdidos en medio del desierto; ambos están al frente de un pequeño grupo de hombres y deben comunicar a su equipo cuál es la situación. El primero dice a sus hombres: «Me he perdido», mientras que el segundo describe la misma situación diciendo: «Estoy buscando un camino». En realidad, ambos grupos están en las mismas condiciones, pero ¿tendrán los miembros del primer grupo el mismo estado de ánimo que los del segundo? Ciertamente, ¡no! Los primeros experimentarán miedo, desorientación, angustia, en su mente se configurará un escenario oscuro y lleno de peligros ocultos; en el seno del grupo podrían nacer conflictos y discordias que les llevarían, casi seguro, a sucumbir. En cambio, en el segundo grupo se instaurará un sentimiento de confianza, esperanza, concordia; en sus mentes se proyectarán escenarios en los que aflorarán las soluciones y estarán dispuestos a explorar nuevas vías que crearán mayor espíritu de grupo.

Utilizar otras palabras es muy importante. ¿Le gustaría transformar su conducta debilitante en potenciadora? ¿Cómo cambiaría su vida si esto sucediera? Veamos de qué modo es posible obtener este resultado. Empiece, por ejemplo, por describir sus emociones con palabras productivas. Mediante la utilización de estos nuevos términos, podrá en un instante disminuir sus emociones negativas y elevar las positivas. En la tabla siguiente encontrará algunos ejemplos de transformación de palabras de plomo en palabras de oro.

TRANSFORMA TUS EMOCIONES DE PLOMO EN ORO

De: «Me siento...»	A: «Me siento...»
Abandonado	Libre
Angustiado	Un poco preocupado
Ansioso	Impaciente
Asustado	Preocupado
Confuso	En busca de una solución
Deprimido	En fase de cambio
Derrotado	Incómodo
Deshecho	Por restablecer
Desilusionado	Poco entusiasta
Desorientado	Estoy cambiando de ruta
Enfurecido	Enfadado
Estresado	Por regenerar
Estúpido	Deseoso de aprender

De: «Me siento...»	A: «Me siento...»
Exhausto	Tranquilo
Fracasado	Con más experiencia
Frustrado	En busca de equilibrio
Furibundo	Tenaz
Furioso	Determinado
Herido	Un poco desilusionado
Impaciente	Estimulado
Incapaz	Aturdido
Inquieto	En movimiento
Inseguro	Por potenciar
Insultado	Malentendido
Irritado	Lleno de energía
Melancólico	En fase de reflexión
Nervioso	Estimulado
Ofendido	Pasmado
Perdido	En busca de una solución
Rabioso	Enfadado
Rechazado	Poco apreciado
Rehusado	Malentendido
Solo	Libre
Trastornado	Comprometido
Triste	Pensativo

Imagino que la primera vez que utilice estas palabras quizás se sienta un poco incómodo y que algunas de ellas podrían, incluso, hacerle reír, pero esta es justamente la clave: si está enfadado y la nueva expresión le hace reír significa que está funcionando. Recuerde, además, que es necesario salir de la propia zona de confort para crecer, por lo que no se preocupe si se encontrara con alguna sorpresa al utilizar las nuevas palabras de oro, porque esto quiere decir que va por el buen camino: si los líderes las usan, también puede hacerlo usted. Incluso si no quiere ser, en ningún caso, un líder carismático, hágalo por usted mismo: se trata de convertir sus comportamientos en ganadores. Recuerde utilizar las nuevas palabras durante un cierto periodo, hasta que su gigante las haya aprendido y asumido como propias.

Una vez aceptada la importancia de etiquetar nuestras sensaciones con palabras de oro para variar su intensidad emotiva, podemos dar rienda suelta a nuestra fantasía y encontrar nuevas palabras que nos evoquen sensaciones placenteras, más fuertes y potenciadoras.

Hace tiempo, mientras impartía un curso, un participante algo menos tímido que el resto de alumnos añadía sus propias experiencias después de mis intervenciones durante la lección, llamando así la atención de sus compañeros. Durante una pausa, se me acercó y empezó a explicarme otros episodios de su vida que tenían que ver, en cierto modo, con los argumentos recién tratados. En un determinado momento, se le acercó otro participante y le dijo que interviniera un poco menos y que dejara a un lado su orgullo. Le dijo, pues, una palabra de plomo. Inmediatamente me di cuenta de la herida asestada e intervine diciendo: «Más que orgulloso, me parece valiente por compartir sus experiencias con todos nosotros». En un segundo, su cara se iluminó, enderezó los hombros e inmediatamente manifestó su valentía. Como podemos comprobar, «valiente» representa un concepto muy diverso y más positivo que «orgulloso»; cada palabra bien escogida puede elevar la llama de nuestra actitud.

¿Qué piensa ahora si empezamos a llamar *oportunidades* a las dificultades y *adivinanzas* a los problemas o, si lo prefiere, *desafíos*? Cuando le pregunten «¿Cómo estás?», ¿por qué, en vez de responder «Bien, gracias», no responde con un sonoro «Fantásticamente»?

Si ya utiliza palabras de oro, nadie le impide transformarlas en **palabras de platino.** Aquí tiene algunas palabras que pueden servir para mejorar su mundo.

TRANSFORME SUS PALABRAS DE ORO EN PLATINO

De:	A:
Estoy bien	Fantásticamente
Problema	Adivinanza
Problema	Desafío
Dificultad	Oportunidad
Curioso	Excitado
Orgulloso	Valiente

De: «Me siento...»	A: «Me siento...»
Honesto	Íntegro
Fiable	Fiel
Interesado	Apasionado
Bueno	Extraordinario
Afable	Simpatiquísimo
Divertido	Hilarante
Bueno	Excepcional
Bien hecho	Perfecto
Singular	Inimitable
Determinado	Imparable
Óptimo	Súper
Afectuoso	Pasional
Activo	Dinámico
Prudente	Atento
Perspicaz	Convincente

Ahora que ha aprendido cómo transformar su vocabulario, sólo le queda divertirse un poco haciendo de alquimista, transformando las palabras de plomo en oro y de oro en platino. Quedará sorprendido al constatar la cantidad de cosas bellas que le sucederán.

Recuerde que la palabra crea el mundo; utilice, pues, conscientemente durante un periodo nuevas palabras potenciadoras y comprobará que, cuando ya sean para usted una costumbre, su mundo cambiará.

AÑADA UN POCO DE AZÚCAR

¿Qué efecto le provoca oír decir a alguien: «Estoy enfadado contigo»? Parece casi inevitable reaccionar con una respuesta defensiva y, sobre todo, con resentimiento. Habría sido totalmente distinto si la frase hubiera sido: «Estoy un poco enfadado contigo». Como puede observar, el solo hecho de haber añadido *un poco* ha rebajado la carga emocional que conlleva la frase.

Del mismo modo, utilizando palabras distintas, es posible aumentar la carga emocional si queremos ser más incisivos.

UN CORSÉ

En una ocasión me encontraba en una empresa hablando con el director de recursos humanos; me dirigí a él diciéndole: «Quisiera proponerle un corsé sobre la gestión del tiempo». Me miró un poco asustado y respondió: «¿Cómo? ¿Un corsé?». Entonces supe que había cometido un error. Había bajado la carga emocional en la comparación usada para mi propuesta. Reflexionando sobre ello, me di cuenta de que debería haberla formulado de otro modo: «Quisiera proponerle un curso verdaderamente eficaz sobre la gestión del tiempo», poniendo así el acento sobre la eficacia a través del uso de la palabra *verdaderamente*. De este modo, habría añadido un poco de azúcar a mi frase y habría aumentado el impacto emotivo de mi propuesta.

Cuando hable debe estar atento a cómo se expresa, porque las emociones que emanan de sus palabras son las que marcan la diferencia. Insertando en su diálogo expresiones como «un poco», «ligeramente», «apenas», aligera la carga emocional, mientras que empleando palabras como «mucho» y «verdaderamente» la amplifica.

Aunque no se dé cuenta, si se expresa de modo eficaz, suceden dos cosas con su actitud. En primer lugar, le será más fácil obtener el consenso de su interlocutor (y esto ya me parece una buena razón para añadir azúcar). En segundo lugar, y no por ello menos importante, recuerde que lo que esté diciendo a la otra persona también lo oye su gigante: cuando salen las palabras de su boca, los primeros oídos que las oyen son los suyos.

CACAHUETES COMO PALABRAS

Hace algunos años, el profesor Giacomo Rizzolatti, director del Departamento de Neurociencias de la Universidad de Parma, hizo un descubrimiento interesante que dio un nuevo impulso a las teorías sobre el origen del lenguaje. Un día, mientras estaba monitorizando la actividad cerebral de un mono con el electroencefalógrafo, le dio al animal un puñado de cacahuetes. Cuando este tendió el brazo para recogerlos, se registró una actividad cerebral en un grupo de neuronas, desconocidas hasta ese momento, en el área denominada F5, que encuentra correspondencia en el cerebro humano en la zona llamada área de Broca. La sorpresa y la excitación por el descubrimiento fueron aún mayores cuando los científicos observaron que las mismas neuronas también se activaban cuando el mono veía a un congénere o a un ser humano mientras recogía cacahuetes.

Este descubrimiento evidenció que si un individuo realiza una acción, el cerebro del observador entra en sintonía con el del ejecutor y manifiesta la misma actividad cerebral, como si el ejecutor fuese él mismo. Este hallazgo fue bautizado con el nombre de «neuronas espejo».

A continuación, Rizzolatti elaboró una tesis según la cual el lenguaje se habría desarrollado a partir de un contexto en el que los símbolos debían estar ligados a acciones manuales. Esto nos hace comprender que, al igual que sucede con los gestos, activamos los mismos procesos neuronales cuando utilizamos el mismo lenguaje de otra persona. ¿Ha observado alguna vez a dos amigos que hablan expresándose con las mismas palabras? Si lo ha hecho, habrá notado asimismo que no sólo es similar el lenguaje, sino también el modo de comportarse.

Recuerdo que en una ocasión me encontraba en compañía de un colega y, ante una situación agradable, yo dije: «¡Bueno!», mientras que él dijo: «¡Interesante!». Me gustó su modo de expresarse y empecé a utilizar también la palabra *interesante* en lugar de *bueno*. El resultado fue que entre nosotros mejoró la sintonía, un poco como si viéramos las cosas del mismo modo. Llegados a este punto, es fácil pensar que si observamos las cosas desde el mismo punto de vista, también los comportamientos serán similares, y así es. Cuando encuentre a alguien que obtiene resultados notables, adopte algunos de sus modos de expresarse y le empezará a ocurrir que verá las cosas desde una óptica distinta y más eficaz. Esto no significa que deba renunciar a su identidad, sino que es una buena idea potenciar su vocabulario para tener una mayor posibilidad de elección.

SÍMILES Y METÁFORAS

Un día, mientras estaba cenando en un restaurante, una señora dijo, a propósito de la vida, que era «la escalera de un gallinero: cuesta arriba y resbaladiza». En aquel momento no pude evitar imaginar la escena y puedo asegurar que no me pareció una imagen demasiado agradable; sin embargo, me había permitido imaginar con detalle el concepto que deseaba expresar. Aquella señora había utilizado, de hecho, una metáfora, y una de las características principales de las metáforas es justamente la de poseer una fuerte capacidad para crear imágenes. Aristóteles sostenía que la potencia cognoscitiva de la metáfora estaba justamente en su «hacer ver», es decir, en el mostrarnos semejanzas inobservadas.

También en las formas de vida en las que el lenguaje no está activo, la imagen está conectada a las emociones. Los niños, por ejemplo, experimentan emociones ante todo lo que ven, antes incluso de empezar a comprender el uso del lenguaje.

Además, a través del empleo de las metáforas, pero también de los símiles o comparaciones, es posible enseñar lo desconocido, usando una similitud con algo conocido.

Un dicho de Burkina Faso sostiene que: «Si las hormigas se pusieran de acuerdo, podrían mover a un elefante». No está mal como metáfora, ¿verdad? Seguramente crea una imagen más clara y eficaz que una frase del tipo: «Debemos trabajar juntos para obtener buenos resultados». Todos imaginamos claramente a una hormiga y un elefante, mientras que la imagen no es siempre clara para conceptos como «trabajar juntos» y «obtener resultados». Las metáforas y los símiles hacen más fácil aprender y captar muchos conceptos.

Ya desde la Antigüedad, el uso de metáforas y comparaciones ha sido el medio más difundido para transferir el conocimiento. Durante milenios, de hecho, contar una historia ha sido un modo de captar la atención de los interlocutores, tanto que, todavía hoy, de modo natural e inconsciente, nuestro umbral de atención se eleva cada vez que escuchamos un relato.

Una historia nos cautiva, nos hace fantasear; ante una metáfora o un símil nuestra mente, rápida, empieza a crear imágenes, permitiéndonos experimentar una variedad increíble de emociones. Al fin y al cabo, las metáforas y las comparaciones representan la herramienta más eficaz de que disponemos desde el punto de vista lingüístico para ejercitar un impacto emocional, cuando nos comunicamos con los otros o con nosotros mismos.

Sin embargo, mucha gente utiliza metáforas y símiles que intensifican las emociones negativas en vez de las positivas. ¿Ha observado alguna vez a alguien expresándose del siguiente modo?

- «Estoy tirado como un perro».
- «Estoy desorientado como si estuviera en un laberinto».
- «Me siento como un jarrón roto en mil pedazos».
- «Me estoy ahogando en un mar de deudas».
- «Tengo la cabeza a punto de estallar».
- «Me han apuñalado por la espalda».

¡Usar estos símiles y metáforas es como intentar apagar la llama de la actitud! Si hay algo que le hace sentir mal, debe estar muy atento a las metáforas y comparaciones que utiliza. Recuerde que cada vez que introduce una imagen en su mente, esta posee la capacidad de tener un impacto emotivo sobre usted y de cambiar su estado de ánimo en un instante. Naturalmente, hay también buenas noticias, porque sus metáforas y sus comparaciones también pueden ser transformadas en un segundo en potenciadoras. Cada vez que usa *como*, con cada probabilidad está creando un símil, por lo que es necesario que aprenda a usar imágenes potenciadoras. Aquí tiene algunas que le gustarán a su gigante:

- «Me siento imparable como un tren en marcha».
- «Me siento como a la llegada de la meta».
- «Soy firme como una roca en medio del mar».
- «La vida es como un vergel».

> «Tú podrás tener riquezas tangibles a montones, cofres llenos de joyas y arcas de oro, pero nunca podrás ser más rico que yo: yo conozco a alguien que me cuenta cuentos»
>
> CYNTHIA PEARL MAUS

Ahora que conoce su funcionamiento, puede inventar tantas metáforas y símiles como quiera, según sus gustos, o bien adoptar expresiones o proverbios que introduzcan dentro de usted imágenes emotivamente potenciadoras. «TIENE RAZÓN».

DICHOS Y PROVERBIOS:
MODOS DE DECIR QUE SE CONVIERTEN EN MODOS DE PENSAR

Los dichos y proverbios, son modos de decir arraigados en nuestra cultura que se han convertido en modos de pensar y, por tanto, en modos de actuar. Como son muy eficaces, cada vez que debemos actuar o tomar decisiones recurrimos a ellos en gran medida. Sin embargo, es necesario que prestemos atención a su empleo, porque muchos dichos y proverbios se contradicen entre ellos y, al ser modelos de pensamiento, nos pueden confundir. He aquí algún ejemplo de proverbios que entran en contradicción:

- «Coger el toro por los cuernos», pero «Ver los toros desde la barrera».
- «No por mucho madrugar amanece más temprano», pero «A quien madruga, Dios le ayuda».
- «A buenas horas mangas verdes», pero «Nunca es tarde si la dicha es buena».

Como puede observar, no siempre la sabiduría popular revela verdades unívocas. Por lo tanto, intente actuar de manera que sus modos de decir y de pensar sean coherentes con lo que quiere llevar a cabo.

¡ATENCIÓN!

«¡Tienes razón!». ¿Cuántas veces, durante una discusión, hemos dado la razón a alguien? Personalmente, me ha sucedido muchísimas veces, hasta que un día alguien me hizo notar que, cuando damos la razón a una persona, en realidad estamos sentando las bases para un conflicto. Veamos el porqué. Cuando damos la razón a una persona, hay algo de sobreentendido que, con frecuencia, se elude, porque en ese momento nos estamos atribuyendo la culpa. En una afirmación de este género, para nuestro subconsciente, el otro gana y nosotros perdemos, aunque a veces sea necesario dar la razón. Cuando, en efecto, las cosas son tal y como las sostiene nuestro interlocutor, no es posible echarle la culpa; existe, sin embargo, la posibilidad de encontrar una fórmula que nos ponga a ambos en una situación de victoria. Es mejor usar la frase: «Estoy de acuerdo». Podrá parecer de poca importancia, pero si seguimos dando la razón a alguien, antes o después, buscaremos el modo de encontrar su error y esto creará conflictos y resentimientos. ¿Está de acuerdo?

EL LENGUAJE INTERIOR

LA VOZ INTERIOR

Suponga que está en su cama, de noche, y que oye un ruido. Si piensa: «Será la caldera», su estado de ánimo no cambiará mucho, pero si se dice: «Debe de ser un ladrón», cambiará completamente. En su mente verá a un individuo con un cuchillo que se avecina a su habitación amenazadoramente. Esto le provocará un aumento del latido cardiaco, su respiración se hará más fatigosa y su estado de ánimo empeorará.

EL PENALTI

Después de los mundiales de fútbol de 1994, Roberto Baggio fue entrevistado a propósito de su penalti fallido. Un periodista le preguntó: «Roby, ¿qué te ha pasado por la cabeza momentos antes de chutar el penalti?». Baggio respondió: «Me he preguntado qué pensaría la gente si fallase el penalti». Todos sabemos cómo acabó. Si es verdad que las cosas las creamos primero en nuestra cabeza y después en la realidad, no podía ocurrir de otro modo.

Es necesario aprender a usar un diálogo interior eficaz, compuesto de estímulos, de pensamientos positivos, de soluciones creativas. Es verdad que la realidad de nuestro entorno puede ser desalentadora, pero ahora tratamos la que hay dentro de nosotros y es ahí donde reside la llama de nuestra actitud. No podemos pensar en cambiar las cosas partiendo de lo externo, pero sólo educando a nuestra voz interna nuestros comportamientos se transformarán en resultados, habituando día tras día a nuestro gigante a usar nuevos modelos de pensamiento. Si a partir de mañana, por ejemplo, por cada pensamiento positivo le dieran diez euros y por sus pensamientos negativos se los quitaran, ¿prestaría más atención a sus pensamientos? Me parece oírle responder: «Claro». Pues bien, sepa que sus pensamientos valen mucho más y, por lo tanto, lo que se dice a sí mismo puede proporcionarle una fortuna, con tal de que invierta un poco de energía en mejorar su diálogo interior.

> *«Por la tarde, los polluelos y las gallinas vuelven al gallinero; lo mismo hacen los pensamientos del hombre, por lo tanto, preste atención a los pensamientos que pone en circulación durante el día»*
>
> NAPOLEON HILL

LA FUERZA DESTRUCTIVA DEL «NO»

En nuestro mundo existe sólo lo que hay, mientras que lo que no hay, no existe. Aunque puede parecer extraño, en nuestra lengua hay cosas que no existen en la realidad. Cuando usamos la palabra *no*, por ejemplo, estamos aplicando una invención lingüística que no encuentra correspondencia en la realidad. Si le pidiera que no pensara en un gato negro, ¿lo conseguiría? Apuesto lo que sea a que, después de haber leído la frase precedente, ha pensado en un gato negro. Es inevitable representarse mentalmente la imagen. Nuestro cerebro primero imagina el gato y después considera que no está, pero en el intervalo, lo ha visualizado.

Sobre la base de cuanto está dicho, se debería comprender inmediatamente lo peligroso que puede ser explicar a los otros o explicarnos a nosotros mismos cualquier cosa que ataña a resultados que no queremos obtener.

LOS CAMPEONATOS EUROPEOS DE 1996

Durante la semifinal de los campeonatos europeos de fútbol de 1996, en el estadio de Wembley, Inglaterra se enfrentó a Alemania, su rival histórico. Al finalizar los tiempos reglamentarios, el resultado se fijó en 1-1, y así permaneció hasta la tanda de penaltis. El equilibrio se mantuvo hasta el resultado de 5-5. Después, una frase del entrenador de la selección inglesa, Terry Venables, habría cambiado la suerte del partido. El entrenador se acercó a Gareth Southgate, que había sido escogido para chutar el penalti decisivo, y le dijo: «Te lo ruego, no falles». Southgate declaró más tarde que, mientras se aproximaba al esférico para chutar, se dijo muchas veces a sí mismo: «No debo fallar, no debo fallar». ¿Qué pasó? El jugador falló el penalti, naturalmente. Con aquellas palabras, había obligado a su mente a visualizar la pelota saliendo por encima del travesaño de la portería y su comportamiento se había adaptado a lo que imaginaba.

Si se fija un objetivo debe prestar atención a las palabras que se diga. Sería como si se autosaboteara, si antes de hablar en público, se dijese: «No debo hacer el ridículo», o bien, si cuando debe emprender cualquier acción, se dijese: «No debo fallar». Exprésese de modo que las imágenes que se proyectan en su mente sean la representación anticipada de un éxito. Como ya le he dicho en la introducción, mi vocecita interior me ha permitido llevar a cabo la profesión con la que soñaba porque antes de hablar en público la primera vez me dije: «Sólo puede ir de dos maneras: o bien, o a lo grande».

LAS TÉCNICAS DE LA AFIRMACIÓN

¿Alguna vez ha oído en su interior una vocecita diciendo «Eres un incapaz», o bien «No lo lograrás nunca», o incluso «Soy un desgraciado»? ¿Sabe a quién pertenece la voz que oye? A su gigante. No lo dice intencionadamente, pero está habituado a repetir esas afirmaciones. Puede haberlas aprendido de dos modos: porque alguien, por ejemplo sus padres o sus profesores, le decían cosas de ese tipo, arraigándolas dentro de usted a través de un impacto emotivo, o bien las ha tomado prestadas de alguien y ha empezado a repetirlas hasta que se han convertido en palabras habituales.

Hemos visto ya que una costumbre, por fuerte que sea, es simplemente una neuroasociación, por lo que podemos sustituirla tranquilamente por otra más productiva, a través de la repetición de un nuevo esquema funcional, o bien recurriendo a algo que cree un impacto emotivo positivo. Debe saber que, con el uso de las afirmaciones positivas, puede educar a su gigante. De hecho, son un instrumento potente para transformar las costumbres negativas en positivas y para mejorar cualquier área de la vida. Es necesario, sin embargo, aprender las técnicas utilizadas para obtener **afirmaciones positivas** y **afirmaciones positivas de impacto emotivo**. En primer lugar, existen algunas reglas generales de las afirmaciones. Veámoslas.

• **Sea breve**. Una afirmación positiva es una frase breve sobre cómo le gustaría ser o qué le gustaría tener en un instante preciso. Un ejemplo podría ser: «Estoy seguro de mí mismo», o bien «Logro todos mis objetivos profesionales».
• **Use el tiempo presente**. Las afirmaciones deben hacerse siempre en tiempo presente o, mejor incluso, como si se tratase de una cosa ya realizada. Si nos decimos a nosotros mismos «Ganaré 5.000 euros al mes», nuestro gigante dirá «De acuerdo; no hay prisa, pues». Educar a nuestro subconsciente es un poco como adiestrar a un perro, al que no puede decirle: «Quiero que mañana saltes», porque no lo hará nunca si le da una orden de este tipo. Debe decirle lo que quiere que haga ahora, en este preciso instante. Quizás no le obedecerá inmediatamente, porque deberá asimilar el mensaje, y para conseguirlo podría necesitar varios días, pero al final le obedecerá. Recuerde que usando tiempos en futuro, lo que desea no se cumplirá nunca.
• **Pida con precisión**. Nuestro gigante no es un tipo que ame la ironía o las vaguedades y le da exactamente lo que le pida. Imagine que su gigante es el propietario de una frutería: cuando usted entre, no le dirá genéricamente «Quisiera fruta», porque se podría encontrar con la bolsa llena de productos que no le sirven. Incluso una petición como «Póngame naranjas» podría revelarse errónea y se encontraría después con una cantidad de naranjas superior o inferior a la deseada. El único modo de obtener lo que queremos es pedir con precisión: «Póngame un kilo de naranjas».
• **Exprésese de forma positiva**. Recuerde que nuestro cerebro no considera las negaciones, por lo que si pide lo que no quiere, lo tendrá. Decirle al gigante: «No quiero un kilo de naranjas» sería como hacerse entregar exactamente lo que no desea, o sea, las naranjas. Por lo tanto, excluya de sus afirmaciones todas las frases que contengan los *no,* los *sin*, los *excepto*, etc. Una frase como «Afronto mis desafíos sin miedo» es un fuerte reclamo para el miedo, que es también lo que obtendrá. Por lo tanto, exprese sólo lo que quiere de forma positiva.

Ahora que conoce las reglas generales de las afirmaciones, examinemos las dos técnicas como si fueran dos ejercicios.

TÉCNICA DE LAS AFIRMACIONES POSITIVAS

Sitúese en un lugar tranquilo, donde sepa que nadie le molestará, y relájese realizando tres respiraciones profundas. Cuando se haya relajado, empiece a repetir su afirmación, primero en voz alta y, después, poco a poco, disminuyendo el tono hasta repetirla en voz baja. Deje que vaya convirtiéndose en un susurro y después en sólo una voz interior, sin mover los labios, hasta que sienta que ha penetrado en profundidad.

Repita este ejercicio sobre todo por la noche, justo antes de dormirse, y por la mañana, en cuanto se haya despertado, porque en estos momentos de la jornada el umbral entre el consciente y el inconsciente es más sutil y las afirmaciones llegarán más profundamente y de un modo más eficaz. No importa cuántos ejercicios haga cada vez, pero, naturalmente, cuanta más energía emplee, más rápidamente obtendrá resultados. También puede reforzar su mensaje durante todo el día, creándose un lema para canturrear mientras conduce o se entrena. Puede poner notas con sus afirmaciones en diversas partes de la casa o de la oficina, de modo que pueda verlas con frecuencia y acordarse de afirmarse a sí mismo lo que se prepara para obtener y, sobre todo, para llegar a ser.

ALGUNOS EJEMPLOS DE AFIRMACIONES QUE PUEDE UTILIZAR

- «Llevo a cabo todos mis sueños, uno tras otro, e incluso más».
- «Soy honrado y respetado por las personas con las que trabajo».
- «Soy muy conocido y respetado, por mi experiencia, talento y habilidad».
- «Me merezco todo el éxito que quiero».
- «Cada acción mía me lleva a mi realización».
- «Tengo confianza en mis elecciones y acepto con alegría el éxito».
- «El dinero es la cosa más fácil de obtener».
- «Mi rédito aumenta continuamente».
- «Mi empresa está creciendo más allá de mis expectativas».

Estas son sólo algunas de las afirmaciones que puede utilizar. Mi consejo consiste en que examine su rueda de la vida para crear afirmaciones que vayan a expandirse en las áreas que más lo necesiten. Es importante que recuerde que si concentra sus energías en algo, se expandirá.

Mientras que la técnica de las afirmaciones positivas se basa en un enfoque dulce, fundado en la repetición que permite a nuestro gigante crear neuroasociaciones de modo gradual, la técnica de las afirmaciones positivas de impacto emotivo se basa en un enfoque que permite crear neuroasociaciones fuertes, gracias al uso simultáneo de voz, cuerpo y emociones. Si con la técnica explicada en el ejercicio precedente, las afirmaciones son simplemente repetidas en estado de **relajación**, hasta que nuestro subconsciente las ha integrado, sustituyendo el esquema indeseado por un programa escogido de manera consciente, en la técnica de las afirmaciones positivas de impacto emotivo se entra en un estado de **involucración** en el que las afirmaciones son integradas por nuestro subconsciente con fuerza y son acompañadas por comportamientos emotivos, como el llanto, la risa, los gritos, etc.

TÉCNICA DE LAS AFIRMACIONES DE IMPACTO EMOTIVO

Antes de empezar, sitúese en un lugar donde sepa que nadie le molestará y, sobre todo, donde esté seguro de no molestar a nadie. Si está en su habitación, puede hundir la cabeza en la almohada y empezar a decir en voz alta su afirmación, gritando, batiendo los puños contra el colchón, involucrando todo el cuerpo y viviendo intensamente sus emociones. Si le apetece gritar hasta más no poder, ¡hágalo! Si le entran ganas de llorar, ¡hágalo! Si le entran ganas de reír hasta reventar, ¡hágalo! Debe hacerlo de modo que todo su cuerpo se inunde de sus emociones. Cuanto mayor sea la unión entre sus emociones, su cuerpo y sus afirmaciones, mejor será el resultado.

Quizá podría pensar que todas estas acciones son difíciles de explicar desde el punto de vista científico. Aunque pueda parecer extraño, le puedo garantizar que estas técnicas funcionan maravillosamente bien. Quizás un día los científicos consigan explicarnos por qué producen resultados tan importantes. En la Antigüedad, se embarcaban naranjas en los barcos para integrarlas en la dieta de los marineros y evitar que enfermaran de escorbuto. Cuando se descubrieron las vitaminas, todos comprendieron que eran las responsables de impedir la aparición de esa enfermedad. No espere, sin embargo, a que la ciencia descubra el motivo, experimente usted mismo los efectos positivos de estas técnicas y se dará cuenta de que son una buena y poderosa medicina para combatir sus viejos esquemas y crear esquemas nuevos que le conduzcan hacia lo que quiere.

Tanto si ha utilizado una técnica como otra, es importante que se felicite por el buen trabajo realizado. Le recuerdo que el refuerzo positivo crea una asociación de placer con lo que está haciendo, por lo que no espere a ver resultados destacables para premiarse. Prémiese simplemente por haber realizado el ejercicio; de esta manera, de hecho, se gratifica a sí mismo por el simple hecho de haberse encaminado hacia él. Cuando luego lleguen los resultados, obtendrá los reconocimientos del exterior por los que verán lo bien que lo ha hecho. ¿A qué está esperando? Empiece a darse una palmada en la espalda por haber llegado hasta este punto del libro. Felicidades, está haciendo un buen trabajo.

SUS PREGUNTAS SON SUS RESPUESTAS

Durante mis seminarios suelo preguntar a los participantes: «¿Hay alguien que hable consigo mismo?». La mayor parte de las personas levantan la mano en señal de asentimiento. Sin embargo, siempre hay alguno que se pregunta: «Pero ¿yo hablo conmigo mismo? Seguramente no. Son estupideces. ¿Por qué debería hablar conmigo mismo?». Cuando hago observar a los que responden que no que las preguntas y las respuestas que se han dado necesariamente a sí mismos antes de responder «no» son un signo evidente de que también ellos mantienen un diálogo interior, explotan en una sonora carcajada. En realidad, todos hablamos con nosotros mismos, y esto sucede cada vez que pensamos. Nuestra voz interior siempre está funcionando; no existen momentos en los que calle e, incluso cuando no somos conscientes de ello, hablamos con nosotros mismos, continuamente.

Si prestamos mayor atención a lo que nos sucede, nos damos cuenta de que la estructura de nuestros pensamientos está constituida por preguntas y respuestas. Si se está preguntando si esto es lo que sucede, lo está confirmando. En cada momento de nuestra vida pensamos, y esto implica hacerse preguntas y darse respuestas.

Si le parece extraño, demos algún ejemplo. Supongamos que se dice a sí mismo: «Debo ir a hacer la compra». Aparentemente se trata sólo de un pensamiento, sin que haya ninguna pregunta por medio. En realidad, ya se la ha formulado de un modo consciente o inconsciente justo antes de tomar la decisión, porque necesariamente se ha preguntado: «¿Qué tengo que hacer ahora?». Si este ejemplo no le ha convencido del todo, es sólo porque se ha preguntado si es verdad lo que está leyendo y se ha respondido: «No estoy seguro al cien por cien». Todos nuestros diálogos interiores están formados por estos dos elementos, **preguntas** y **respuestas**, porque este es el modo natural de pensar. ¿Todavía se está preguntando si es verdad? Si la respuesta es sí, me está dando la razón y ahora habrá captado ya plenamente el concepto. El pensamiento funciona, pues, basándose en el principio de las preguntas y respuestas, razón por la cual es muy importante comprender las características principales de las preguntas para obtener respuestas satisfactorias. Las preguntas poseen, pues, una serie de propiedades.

Crean neuroasociaciones emocionales

Cada vez que nos hacemos una pregunta y nos ofrecemos una respuesta, creamos una neuroasociación o bien relacionamos una cosa con la otra. Todo esto nos hace entender que si tenemos tendencia a repetirnos la misma pregunta respecto a algo, reforzamos nuestra neuroasociación y creamos un modo habitual de pensar, tanto en el ámbito de la conciencia como del inconsciente. Supongamos que una persona tiende a plantearse una pregunta del tipo: «¿Por qué me ocurre todo a mí?». Es fácil que en el momento en que la formule obtenga una respuesta del tipo: «Porque eres desgraciado». ¿Qué le sucederá a su estado de ánimo después de una respuesta de este género? Claramente, se activará una sensación desagradable (emoción de dolor), que irá a conectarse a la pregunta formulada o a la respuesta recibida. En este caso, se produce una neuroasociación «pregunta-respuesta-emoción» que, si se repite más veces, tenderá a convertirse en una costumbre y, por ende, en un modo habitual de pensar de esta persona. Como bien puede imaginar, reforzarse a través de la repetición de preguntas de este tipo no es demasiado útil si se quieren conseguir los objetivos.

Esconden las suposiciones

Hay algunas preguntas que son particularmente insidiosas y, si se utilizan sin la atención debida, pueden incluso hacernos correr peligro. Estas preguntas son las que empiezan con «por qué». Cada vez que nos planteamos una pregunta con «por qué», estamos considerando un hecho como cierto y suponemos que lo que estamos examinando es cierto. Este tipo de preguntas sirven para sostener nuestras convicciones. No se trata de nada grave si estas convicciones son potenciadoras, pero el panorama cambia si nuestras convicciones son debilitantes. Volvamos al ejemplo de la pregunta anterior: «¿Por qué me ocurre todo a mí?». Esta pregunta tiene el defecto de concentrarse en el «por qué» y no en el «si». Esconde, de hecho, una suposición y da por descontado que realmente nos sucede todo a nosotros. Llegados a este punto, parece inevitable que nuestro cerebro tienda a ponerse de acuerdo con nosotros, proporcionándonos una respuesta del tipo: «Porque eres desgraciado».

Activan el SAR

Las preguntas activan nuestro Sistema de Activación Reticular y determinan sobre qué nos concentramos. ¿Recuerda el ejercicio basado en el recuento de objetos rojos y verdes? Quiero, antes que nada, recordarle que la activación del SAR permite la consecución de tres objetivos simultáneamente:

1) mantiene nuestra mente concentrada en nuestros fines;
2) considera lo que nos rodea como un posible instrumento útil para el fin;
3) elimina de nuestra mente las fuentes de distracción.

Podemos decir tranquilamente que las preguntas funcionan un poco como el motor de búsqueda de un ordenador: buscan y encuentran solamente las respuestas que contienen la palabra clave introducida. Las respuestas a nuestra disposición son innumerables, se trata sólo de encontrarlas a través de las preguntas precisas.

Determinan las decisiones

Cada decisión, por pequeña o grande que sea, es determinada por las preguntas que nos planteamos. Por ejemplo, la pregunta «¿Qué ropa me puedo poner para causar una buena impresión?» determinará cómo nos vestiremos en una ocasión determinada. La pregunta «¿Quiero casarme con esta persona?» determinará a qué compañero escogeremos para nuestra vida. Cada vez que nos hallamos ante una decisión, tenemos que enfrentarnos a una pregunta. Incluso cuando nos encontramos ante un semáforo y debemos girar a la derecha en vez de a la izquierda, estamos tomando una decisión que es fruto de una pregunta, ocurra de modo consciente o inconsciente. Con frecuencia, estamos acostumbrados a percibir las modalidades de elección como cálculos y, si nos detenemos a analizarlo, descubriremos que cada cálculo está compuesto por una serie de preguntas y de respuestas.

LAS PREGUNTAS DETERMINAN EL DESTINO

¿Cómo puede suceder que algunas personas tengan una vida llena de éxitos y a otras, en cambio, les cueste tanto conseguir resultados, aunque sean pequeños? ¿Qué es lo que diferencia a las primeras de las segundas?

Las primeras determinan su propio destino a través del uso de preguntas potenciadoras; y las segundas, con preguntas despotenciadoras. El proceso que lleva a la consecución de los resultados, deseados o indeseados, es el siguiente:

Todas las **preguntas**, conscientes o inconscientes, que nos planteamos generan **respuestas**, que, a su vez, se transforman en **imágenes mentales**, que activan **emociones** (placer o dolor), según las cuales tomamos **decisiones** y, en consecuencia, realizamos **acciones** (lo que decimos y lo que hacemos), que producen **resultados**.

PREGUNTAS ➡ RESPUESTAS ➡ IMÁGENES ➡ EMOCIONES
(conscientes/ (representaciones (placer/dolor)
inconscientes) internas)

➡ DECISIONES ➡ ACCIONES ➡ RESULTADOS ➡ DESTINO
(conscientes/ (comportamientos)
inconscientes)

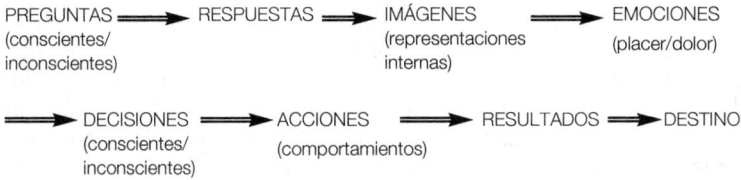

Ya sea durante el proceso o una vez conseguido un resultado, las preguntas siempre están presentes y pueden sabotearnos o sostenernos. Si el resultado no es el deseado, entran en juego otras preguntas que permiten la reformulación del proceso. Si el resultado logrado es, en cambio, el deseado, progresarán otras preguntas que establecerán nuevos objetivos. En ambos casos, nuestro **destino** está determinado por el tipo de preguntas que nos planteemos.

Pongamos un ejemplo. Supongamos que se dirige a sí mismo la siguiente pregunta: «¿Puedo llegar a ser un óptimo vendedor?». Si la respuesta es «No», es evidente que su destino en esa profesión está ya marcado. Si la respuesta es «Sí», en su mente se creará inmediatamente una imagen de usted en la piel de un vendedor de éxito, cosa que le provocará una sensación (emoción) desagradable o agradable. Si experimenta una emoción desagradable, todo el proceso recomenzará partiendo de una nueva pregunta; en caso contrario, deberá tomar una decisión del tipo: «De acuerdo, mañana empiezo a buscar un puesto de trabajo como vendedor». A partir de ahí, las acciones empezarán a producir resultados.

Llegados a este punto, nadie ha dicho que todo vaya a ir de la manera adecuada, porque otras preguntas entrarán en juego: «¿Lo conseguiré?», «¿Será un trabajo indicado para mí?», etc. Podemos lograrlo o no, pero todo depende del tipo de preguntas que nos acostumbremos a utilizar: las que apagan nuestra llama o las que la alimentan.

LAS PREGUNTAS POTENCIADORAS

¿Cuáles son las preguntas potenciadoras? ¿Qué preguntas transforman nuestro potencial y nuestra preparación en la **capacidad** de hacer algo? La mayoría de las preguntas que empiezan con «cómo» o «qué» remiten a nuestras capacidades y comportamientos, mientras que las que empiezan con «por qué» se refieren a nuestras convicciones, ya sean potenciadoras o limitadoras; las preguntas con un «dónde» o un «cuándo» dependen de factores externos, y las preguntas con un «quién» indagan en la identidad.

Nos concentraremos, sobre todo, en nuestras capacidades, acostumbrando a nuestro gigante a plantearse preguntas potenciadoras introducidas por «cómo». Suponga que se encuentra en la situación de tener que hablar en público. No resolvería nada en el ámbito emotivo si se preguntara: «¿Por qué debo hacerlo justamente yo?», o bien «¿Quién lo podría hacer en mi lugar?». Su respuesta podría llevarle a descubrir a otra persona dispuesta a hacerlo; sin embargo, debe recordar que, de este modo, evitaría el reto, y el posible éxito sería de quien hablara, y no suyo. Es importante que dirija hacia usted la responsabilidad de sus resultados. En este sentido puede ayudarse utilizando las cuatro preguntas potenciadoras que analizaremos a continuación.

1 **¿Qué hay de bueno en todo esto?**
¿Debe hablar en público? Sí. ¿Qué hay de bueno en todo esto? A primera vista, podría responder «nada», pero si se hace la misma pregunta otra vez y presta un poco de atención, podrá encontrar muchas cosas que pueden ser positivas para superar, finalmente, el miedo al auditorio y experimentar la sensación de ser un gran comunicador, o bien tendrá la posibilidad de demostrar su preparación. Si prefiere utilizar otra pregunta, similar a la indicada, puede hacerlo, porque es importante que escoja la que le resulte más agradable y eficaz (como «¿Qué me está enseñando todo esto?»). Debe sentir verdaderamente suyas las preguntas que se plantea. Este tipo de preguntas lleva inmediatamente a un cambio de percepción de la realidad, convirtiendo en un instante una emoción negativa en una positiva y, una vez que hayamos llevado el tono emocional en la dirección adecuada, podremos pasar a la pregunta siguiente.

2 **¿Cómo puedo conseguir mi objetivo?**
En este punto, su subconsciente le proporcionará las respuestas necesarias y empezará a enviarle ideas y soluciones. Esta es la fase en la que activa los motores de búsqueda y la pregunta es una de las más potentes que tenemos a nuestra disposición. He entrevistado a muchas personas que han obtenido resultados destacados y he comprobado que el «¿Cómo puedo...?» ha sido para ellas una constante que no falta nunca. Ante un obstáculo, es la única pregunta con la que se sienten capaces de saltarlo y superarlo. Incluso en este caso es posible adaptar la pregunta a nuestras exigencias y transformarla en «¿Cómo puedo superar este examen?» o «¿Cómo puedo vender el 20 % más el próximo mes?». Una vez formulada la segunda pregunta, es necesario que nos probemos a nosotros mismos con la tercera.

3 **¿Qué estoy dispuesto a hacer para obtener lo que quiero?**
Esta es una fase decisiva, porque nos deshacemos de todas las excusas que encontramos cuando estamos frente a un problema o un objetivo que queremos lograr. Puede que en esta fase necesitemos utilizar un refuerzo emotivo que nos empuje hacia lo que deseamos, y para ello podemos recurrir a la cuarta y última pregunta.

4 **¿Cómo puedo divertirme mientras tanto?**
Con esta pregunta se refuerzan las emociones positivas, vinculadas a las preguntas precedentes. Es importante asociar el mayor placer posible a nuestros desafíos; de este modo, estimularemos a nuestro gigante para afrontarlos. Recuerde que si su gigante encuentra agradable la idea, le ayudará; en otro caso, le saboteará. Aunque alguna situación puede aparecer como el escenario más negativo de este mundo, siempre traerá consigo aspectos positivos: todo reside en encontrarlos planteando las preguntas adecuadas.

Imagino que puede resultarle complejo pensar en plantearse preguntas potenciadoras en el momento en que se encuentra ante situaciones difíciles. La mayor parte de nosotros, de hecho, no estamos habituados a reaccionar de modo eficaz en los momentos decisivos, por lo que podría pensar que esa misma tendencia vale también para usted. Pero intente formularse una pregunta potenciadora para resolver este problema. Podría preguntarse por ejemplo: «¿Cómo puedo encontrar la pregunta potenciadora en el momento necesario?». La respuesta que yo me he dado es la siguiente: «Habitúo a mi gigante a hacerlo por mí». En efecto, se trata simplemente de educar a nuestro subconsciente a través de la repetición de estas preguntas, hasta que se conviertan en hábitos, llevándolas, poco a poco, de un nivel consciente a un nivel inconsciente.

CÓMO ENCONTRAR LAS PREGUNTAS POTENCIADORAS CUANDO SON NECESARIAS

Para hacerlo basta con que durante un mes todas las noches, antes de dormirse, y todas las mañanas, al despertarse, se plantee las cuatro preguntas potenciadoras en lo que concierne a un desafío cualquiera. No se preocupe por obtener las respuestas de inmediato, déjelas incubar y verá que no tardan en llegar. Sucede así, como cuando intentamos recordar un nombre: inicialmente se va y, cuando menos lo esperamos, viene a la memoria. De este modo, acostumbrará a su mente a buscarle las respuestas justas para lograr todos los resultados que desee.

LAS CUATRO PREGUNTAS POTENCIADORAS

Para resumir, basta con que nos acordemos de preguntarnos:
* ¿Qué hay de bueno en esto?
* ¿Cómo puedo conseguir mi objetivo?
* ¿Qué estoy dispuesto a hacer para conseguir lo que quiero?
* ¿Cómo puedo divertirme mientras tanto?

LAS IMÁGENES MENTALES

CAMBIO DE PERCEPCIÓN

Como hemos visto al examinar el uso de las metáforas, las palabras que oímos o que decimos a los otros y a nosotros mismos producen en nuestra mente imágenes que tienen un impacto sobre nuestras emociones y nuestros comportamientos.

Algunas veces estas representaciones mentales tienen la capacidad de agitarnos, de asustarnos y, por lo tanto, de bloquearnos ante determinadas situaciones o, incluso, de hacernos reaccionar de forma impulsiva, en vez de hacerlo conscientemente.

Con mucha frecuencia, quien se encuentra en estado de pánico tiene una visión de la realidad distorsionada y amplificada.

Las personas que tienen miedo de las serpientes, por ejemplo, activan el SAR en sus experiencias y tienden a verlas incluso donde no las hay; por ejemplo, si estuvieran en un bosque y atisbaran un trozo de cuerda debajo de una roca, transformarían inmediatamente el objeto en una serpiente.

Lo que hacen es distorsionar la realidad en la dirección de sus propios miedos. No se trata sólo de una interpretación distorsionada de la realidad, sino también de una amplificación de la misma.

UN JEFE ALTÍSIMO Y AMENAZADOR

Un día un señor me hablaba de lo opresivo que era su jefe y de cuánto le hacía sufrir. La descripción que me hacía de él era la de un tirano de dos metros, de aspecto rudo y sádico. Cuando lo conocí, quedé pasmado por el hecho de que se trataba de un hombre de baja estatura, que no atemorizaba a nadie en absoluto. Después de hablar largo y tendido con el temeroso subordinado, resultó que magnificaba a cualquier persona dotada de algún tipo de autoridad. De este modo, distorsionaba la realidad. Trabajé con él para cambiar su percepción de las cosas y liberarlo de sus imágenes devastadoras.

Al principio me dijo que cuando pensaba en su jefe, se lo imaginaba de casi dos metros de alto y siempre muy cerca de él, tanto que le cortaba el aliento, hasta el punto de que cada vez que le pedía que se lo imaginara, su respiración se agitaba, como les sucede a las personas que sufren de ansiedad.

En aquel punto le pedí que le cambiara el color: «A ver, imaginémoslo verde», le dije y empezó a reír. Empezaba a funcionar: las neuroasociaciones ligadas a la figura del jefe comenzaron a transformarse en emociones de placer (empezaba a divertirse). «Transforma su cuerpo en un enano de un metro, ¿consigues verlo?», fueron las siguientes palabras, y mi interlocutor rompió en una sonora carcajada. Entonces le dije: «Aléjalo un par de metros», y en ese momento su respiración empezó a volver al ritmo normal. Podrá parecer extraño, pero este método funciona muy bien. Si una persona, a través de lo que dice u oye, posee la capacidad de agigantar las imágenes de su jefe, también podrá empequeñecerlas del mismo modo, cambiando así la modalidad perceptiva, hasta hacer desaparecer la emoción coligada.

Lo extraño, y sin embargo en muchos aspectos fascinante, consiste en el hecho de que nuestro cerebro no distingue lo que es real de lo que es imaginado vívidamente. Si ahora usted piensa en entrar en la cocina para comer un poco de fruta, en coger con la mano un buen limón amarillo, lleno de jugo, y en morderlo, muy probablemente sentirá cómo cambia su salivación. Si debiéramos juzgar basándonos solamente en las sensaciones que está viviendo, se diría que verdaderamente está comiendo el limón. Nuestro cuerpo reacciona al estímulo «comer el limón», tanto si lo está comiendo en verdad como si lo está imaginando vívidamente. Imaginar durante la noche que un malhechor se está acercando para agredirnos hace aumentar nuestro pulso cardiaco como si sucediera realmente. Quizás con intensidad menor, pero en cualquier caso produce efectos sobre nuestro cuerpo y nuestras conductas.

El hecho es que, mientras que en la realidad los acontecimientos que nos ponen en peligro suceden raramente, en nuestra mente pueden incluso repetirse con asiduidad y producir, por lo tanto, fuertes neuroasociaciones de dolor que se transformarán a largo plazo en hábitos. No debemos olvidar, sin embargo, que podemos cambiar en un instante una percepción distorsionada creada por una metáfora del mismo modo en que la hemos creado, o bien introduciendo mediante el lenguaje imágenes más funcionales. Si, por ejemplo, dijéramos con frecuencia: «Me han apuñalado por la espalda», deberíamos comunicarnos después a nosotros mismos: «Saco el puñal y mi herida ya está desapareciendo». De esta forma, nuestras imágenes tendrán un impacto emotivo mejor y empezaremos a estar mejor en un instante. Si este modo de hablar se ha convertido para usted en una costumbre, repita la nueva frase más veces, hasta que llegue a sustituir la vieja neuroasociación (imagen-dolor). Para quienes creen que una imagen recurrente de su mente es difícil de cambiar, será útil explicar un acontecimiento que demuestre que todo sucede a veces de modo natural.

EL HIJO INQUIETO

Hemos hablado ya de un buen amigo mío que tenía un hijo muy inquieto que, de pequeño, habitualmente irrumpía en su despacho y tiraba los libros de la estantería. Pues este niño, al que le encantaba meter en apuros al padre, tenía la costumbre de hacerle otro pequeño desaire. Durante las incursiones en su despacho (ahora ya podemos llamarlas de este modo), acostumbraba a quitarle todas las plumas que encontraba sobre el escritorio. Puede imaginar que mi amigo no se sintiera especialmente feliz. Si al principio se limitaba a comprar otras cada vez que desaparecían, al final se vio obligado a tener provisión de plumas, pero no conseguía entender por qué su hijo continuaba saqueándole.

Al principio no se preocupó; después, poco a poco, empezó a percibir al hijo no como a un niño, sino como a una especie de vándalo terrible, y esto le provocaba distintos tipos de emociones, mayoritariamente de carácter negativo. Sus comportamientos estaban influenciados por las emociones producidas por sus representaciones mentales. En vez de trabajar tranquilamente, tendía a ponerse nervioso y durante el día volvía a su mente la imagen del hijo «terrible» saqueando su despacho. ¿Qué hacía de este modo mi amigo? Con este tipo de imágenes estaba reforzando la asociación negativa «hijo-emoción despotenciadora» y, por lo tanto, se estaba creando un modo habitual de pensar. La asociación se reforzaba cada vez que veía al hijo, pero también cuando lo imaginaba, provocando así una merma emocional.

Me explicó que un día había sucedido algo mágico dentro de sí mismo: su voz interior había creado en un instante una imagen nueva que cambiaría para siempre su modo de ver al hijo y le permitiría percibir emociones positivas en sus confrontaciones y comportarse en consecuencia. Aquella vocecita le había dicho:

«Las cosas no cambian. Usted cambia el modo de mirarlas, eso es todo»

CARLOS CASTANEDA

«¿Y si estuviera haciendo todo esto porque te quiere y quiere estar cerca de ti?». Estas palabras consiguieron en un instante un cambio de percepción, de emociones y de comportamientos. Como podemos observar, todo puede cambiar en un segundo, pero, si dejamos al azar esta posibilidad, podría no suceder nunca; sin embargo, si actuamos de modo que las imágenes surjan conscientemente, aprenderemos a dirigirlas hacia donde prefiramos.

LA VISUALIZACIÓN CREATIVA

Hasta ahora hemos visto cómo reducir el impacto emotivo de lo que nos aflige; ha llegado el momento de comprender, mediante la técnica de la visualización creativa, cómo es posible amplificar nuestras emociones de placer, de modo que creen un impulso motivacional y que construyan en nuestra mente la realidad que deseamos antes de crearla en el mundo real.

La visualización de los resultados deseados es un proceso ampliamente difundido en los ambientes deportivos; muchos atletas utilizan estos métodos para programarse para el éxito. A veces este proceso ocurre de manera natural, sin que nos demos cuenta de lo potente que es, y justamente por ello ocurre que no conseguimos activarlo conscientemente cada vez que deseamos.

INZAGHI Y AGASSI

En una ocasión, vi una entrevista en un programa de televisión al futbolista Filippo Inzaghi. A la pregunta de cómo había logrado un gol importante, respondió con estas palabras: «He imaginado durante todo el partido ese gol». Este es un ejemplo clásico de cómo la técnica de la visualización de los resultados produce el éxito deseado, aun cuando probablemente, en este caso, fuera de modo inconsciente.

Andrè Agassi, en cambio, aplicó de modo consciente durante algún tiempo esta técnica. La primera vez que la probó fue en la final del torneo de Wimbledon, que ganó. Llegó a visualizar tantas veces el modo en que debía ir el partido que, cuando fue entrevistado, respondió a los periodistas como si fuera algo que le había sucedido ya muchas veces. Lo que dijo era absolutamente cierto, porque, en efecto, le había ocurrido ya más veces, aunque el campo de juego había sido su cabeza.

Es necesario recordar siempre que la mente no distingue una cosa cierta de otra vívidamente imaginada, y lo que Agassi hizo fue «vivir» detalladamente aquella experiencia. Algunos definen este método como «experiencia sintética». Personalmente, prefiero hablar de «visualización creativa». Naturalmente, este método puede utilizarse fuera del contexto deportivo. Podemos efectuar visualizaciones en el ámbito profesional, cuando debemos hablar en público, antes de una venta y en todas aquellas circunstancias en las que queremos obtener buenos resultados. A continuación, se facilitan las indicaciones para poder realizar un ejercicio adaptado a este fin.

EJERCICIO DE VISUALIZACIÓN

Como para cualquier otra ejercitación, es importante dedicar diariamente algunos minutos a la visualización. No basta con una sola vez: de hecho, podría aportarle algunos beneficios, pero no le transformaría en la persona que siempre ha deseado ser. Ante todo, es recomendable estar en un lugar en el que se esté seguro de poder estar tranquilo, sin ser molestado. Le aconsejo que las primeras veces empiece sentado, y es muy importante que tenga la cabeza ligeramente inclinada hacia lo alto, de modo que consiga acceder mejor a las imágenes mentales.

Cuando se haya familiarizado un poco con el método, podrá hacer el ejercicio también de pie, utilizando la mejor postura posible y moviéndose como si estuviera viviendo las situaciones que desea afrontar con éxito.

En este punto, debe imaginar que entra en su cuerpo mientras está llevando a cabo las acciones que desea, representándolas en su mente con el mayor número posible de detalles. Si piensa en hablar en público, imagínese frente al auditorio, delante de la gente. Entre en su cuerpo mientras está haciendo una presentación excepcional, imagine sus movimientos, observe a las personas que le miran con atención, escuche su voz mientras sale de su boca con seguridad. Preste atención al tacto, a los olores, a todas las sensaciones que logra que sucedan, pero, sobre todo, escuche las emociones que nacen de esta visualización. Cuanto más fuertes sean sus emociones de placer, más fuertes serán las neuroasociaciones que creará.

En la visualización creativa es importante vivir la experiencia, no basta con observarla. Entre en contacto con el mayor número de sentidos posible: vista, oído, etc., y, sobre todo, con sus emociones. Si acostumbra a su gigante a encontrar placer con la visualización, cuando realmente esté afrontando la situación en cuestión, puede que le conduzca al éxito.

Repita este ejercicio durante unas semanas y le sorprenderá agradablemente lo que le sucederá.

«Tenga cariño a su visión y a sus sueños, porque son los hijos de su alma, huellas indelebles de su éxito final»

NAPOLEON HILL

LAS IMÁGENES QUE VEMOS

Un día un amigo me dijo: «¿Sabes? He descubierto cosas interesantes desde que soy padre». Le pedí que me hablara de ello y me explicó que su hijo Benjamín, que entonces tenía un año, le había hecho comprender cómo se comportaba en algunas situaciones. Me explicó que al niño le encantaba jugar con el teléfono de casa y que le había impresionado el hecho de que, cada vez que cogía el auricular con la mano, lo frotara contra la manga de su ropita antes de llevarlo a la oreja. Al principio, le parecía algo curioso y se preguntaba cómo había adquirido aquel tipo de comportamiento, hasta que su mujer le hizo notar que lo había aprendido de él. Se maravilló al descubrir que también él hacía ese gesto sin ni tan siquiera darse cuenta, pero lo que más le sorprendió fue observar que su comportamiento había determinado el del hijo.

Este episodio puede parecer normal porque se refiere a un niño que debe aprender los comportamientos, pero podemos preguntarnos si también cuando ya somos adultos lo que vemos puede influir en nuestra conducta. La respuesta es ¡indudablemente sí!, sobre todo si se trata de comportamientos que ya hemos tenido en el pasado.

Suponga que ha conseguido erradicar un comportamiento que no le gustaba y que, por cualquier motivo, ahora se encuentra en compañía de personas que tienen ese comportamiento (por ejemplo, fumar, consumir alcohol o drogas, comer en exceso, etc.). ¿Sabe qué ocurre en su cerebro? Por el mero hecho de ver una antigua conducta, reactiva las mismas neuroasociaciones y las emociones correlacionadas. ¿Se acuerda de los monos del profesor Giacomo Rizzolato y sus neuronas espejo? Readquirir un comportamiento debilitante antiguo no es difícil si estamos constantemente bombardeados por imágenes que nos lo recuerdan, tanto si lo vemos ante nuestros propios ojos como por televisión.

Del mismo modo, aunque más lentamente, podemos adquirir comportamientos debilitantes nuevos también de adultos. Por ejemplo, viéndolos por televisión o en las personas que frecuentamos, cambiaremos nuestras conductas. Justamente porque este proceso sucede lentamente es en realidad más peligroso y engañoso: las neuroasociaciones se forman día tras día y, sin darnos cuenta, después de un tiempo, nos encontramos con que tenemos los mismos comportamientos del compañero de oficina o de nuestros amigos. Es necesario, pues, prestar atención a lo que elegimos observar: cuando vemos la televisión es mejor no observar imágenes que muestran escenas de muerte, destrucción o miseria. Intente ver algo estimulante, que hable de descubrimientos y éxitos, y, si no hay nada de ese estilo, es mejor apagar el televisor y hacer cualquier otra actividad. Al fin y al cabo, mirando una pantalla no es como se consiguen los propios objetivos.

Recuerde que nuestro cerebro no distingue las imágenes verdaderas de las que parecen muy similares a la realidad. Cuando ve una película de terror sabe que es ficción, pero incluso así se asusta, sobre todo si el director había decidido asustarle en aquel preciso instante mostrándole un golpe de escena espantoso.

Durante su vida social procure estar en compañía de personas que tienen buenos propósitos y pensamientos positivos y de aquellas que viven con pasión y aman lo que hacen. Conviértase en el verdadero director de su vida, oriente su mirada hacia donde haya algo bueno de ver. ¡Actúe de modo que su vida acabe por ser una auténtica obra maestra!

«El descubrimiento de una solución consiste en mirar la misma cuestión como hacen todos, pero pensar algo distinto»
ALBERT SZENT-GYORGYI

EL CARBURANTE FÍSICO

Postura y movimientos –
Expresión de la cara –
Respiración –
Salud y forma física –

recursos físicos

Cuando nos ocurre algo emotivamente desagradable tendemos a borrar la experiencia, pero nuestro gigante y, sobre todo, nuestro cuerpo tienden a memorizar lo ocurrido.

Si observamos a una persona que, por las circunstancias de la vida, se encuentra en un momento de depresión, podemos darnos cuenta de lo siguiente:

• su postura es visiblemente cerrada en sí misma y se mueve muy poco;
• casi no sonríe;
• respira muy superficialmente;
• tiende a alimentarse mal.

Estos cuatro elementos tienen que ver con la **fisiología**, es decir, con el modo en que las emociones influyen sobre nuestro cuerpo, pero también con la manera en que nuestro cuerpo nos hace sentir las emociones. En otras palabras, si es verdad que, cuando somos felices, nuestro cuerpo toma vida, también lo es que, acostumbrando al cuerpo a asumir una postura eficaz, el cerebro se revitaliza, produciendo beneficios a nuestro estado emocional. Lo interesante es que, si bien existen diversos métodos para mejorar el estado de ánimo, utilizar la fisiología como aliciente emocional parece ser el más veloz. Probablemente debemos esta posibilidad al hecho de que las conexiones neurológicas cerebro-cuerpo se han desarrollado antes que el lenguaje. Incluso en los animales logramos captar su estado emocional mediante la observación de la postura y el movimiento. No es difícil notar que un perro asustado no se mueve del mismo modo que uno feliz. Ahora sabemos que, mediante el buen uso del carburante físico, tenemos también la posibilidad de alimentar de modo veloz y eficaz la llama de la conducta.

Veamos cuáles son los elementos que llenan la bombona del carburante físico:

• postura y movimiento;
• expresión de la cara;
• respiración;
• bioquímica y salud.

POSTURA Y MOVIMIENTO

NUESTRO CUERPO HABLA DE NOSOTROS

De forma habitual pensamos que la depresión es fundamentalmente un estado mental y que su causa depende de nuestra cabeza, de las formas de autodestrucción presentes constantemente en nuestros pensamientos. Seguramente hay mucha verdad en esta convicción, pero no es completa. De hecho, la depresión, así como la alegría o cualquier otra emoción, no representa exclusivamente un problema mental, sino un sistema compositivo, derivado de la unión entre mente y cuerpo.

Desde hace muchísimo tiempo se sabe que el estado de ánimo depresivo hace cambiar la postura corporal de un individuo: un deprimido tiene los hombros curvos y presenta la cabeza gacha; además, sus movimientos y reflejos son muy lentos. Cuando vemos a lo lejos a un amigo que se nos acerca, nos basta un instante y no demasiada intuición para ver si es feliz o está deprimido: si camina arrastrándose es verdad que hay algo que no está funcionando bien. No es necesario que sus palabras manifiesten sus pensamientos: su cuerpo comunica mucho más que sus palabras.

Hasta hace algunos años, las investigaciones se concentraban principalmente en cómo actuar a nivel mental sobre enfermos de depresión: para combatir las formas emocionales debilitantes eran consideradas importantes sólo las curas mediante enfoques psicológicos o farmacológicos. En la actualidad se ha entendido que, inequívocamente, se puede afrontar esta problemática también tomando en consideración la otra parte del sistema mente-cuerpo.

Al ser el cuerpo el depósito de las emociones inexpresadas, es en este donde se ven las señales de tal carga emocional y, por lo tanto,

se puede intervenir sobre el cuerpo para mejorar el estado de ánimo. Cuando reprimimos la rabia, encubrimos nuestros miedos y ali-
mentamos rencores, o cuando, en fin, no desahogamos nuestros estados de ánimo, cargamos nuestro cuerpo de un peso emocional
que nos hace arquear la espalda y bajar la cabeza, inmovilizándonos.
   Cuando oímos a alguien decir «Siento el peso de la edad», está
expresando mediante el lenguaje el mismo concepto que con frecuencia traduce en la postura de su cuerpo. ¿Qué diferencia se puede observar, a primera vista, entre un anciano feliz y uno triste? En
el primer caso, se puede ver a un señor vivaz, derecho y rápido en
los movimientos; en el segundo, a una persona curva, que siente el
peso de los años. Y es justamente esta persona quien, a fuerza de re-
tener durante su vida las emociones negativas, ha inducido a su propio cuerpo a curvarse. Muchos sostienen, de hecho, y, en mi opinión, de modo acertado, que son nuestros pensamientos los que
hacen enfermar al cuerpo y que, sanando la mente, se cura también
el cuerpo. No es casualidad que las personas que se curan de enfermedades como el cáncer sean las mismas que creen firmemente que
esto es posible. Sin embargo, no todas saben que también se puede
proceder en sentido inverso, o bien actuar sobre el cuerpo de modo
que se produzcan cambios en el estado de ánimo. Es un poco como
decir que curando el cuerpo se cura la mente.
   Pongamos un ejemplo práctico: siéntese en una silla e intente imaginar del modo más realista posible cómo serían su postura y sus movimientos si estuviera deprimido. ¿Consigue ensimismarse? ¿Sus
hombros se han curvado hacia abajo? ¿Tiene la cabeza gacha? ¿Los
movimientos son casi inexistentes? Ahora intente imaginar cómo
serían, en cambio, su postura y sus movimientos si estuviera en un estado de total entusiasmo. ¿Su espalda está recta? ¿La cabeza se ha
orientado hacia arriba? ¿Sus movimientos son amplios y dinámicos?
¿Consigue imaginarlo? Bien, si lo ha imaginado, ha comprendido lo
que intento decir y, si se ha movido y ha cambiado de posición, seguramente ha experimentado también las emociones conexas.
   Durante mis seminarios, cuando pido a los participantes que ima-
ginen estas dos situaciones, adoptan la postura concerniente a la
emoción solicitada y, cuando digo que también podrían permanecer
firmes, se sorprenden un poco por el hecho de haber tenido que mo-
verse para adoptar una cierta postura y «sentir», así, la depresión,
y otra postura para «sentir», en cambio, el entusiasmo. La postura y
el movimiento son un medio que nuestro cuerpo utiliza para hacernos sentir las emociones. ¿Quiere cambiar una emoción debilitante
de modo instantáneo? Cambie su postura, levante la cabeza, enderece

> Las emociones no están siempre sujetas a la razón, pero siempre son sensibles a la acción.
>
> W. CLEMENT STONE

los hombros y muévase rápido. Se dará cuenta de que, aunque estuviera deprimi-do, no lograría sentirse de ese modo. Intente hacerle levantar la cabeza a un niño mientras está llorando: verá cómo dejará de llorar casi al instante.

LA QUINESIOLOGÍA

En los últimos tiempos han nacido disciplinas como la quinesiología, cuyo objetivo es intervenir en la esfera emocional, actuando sobre el movimiento y la postura, para reequilibrar y dar una válvula de escape a las emociones negativas acumuladas en nuestro cuerpo. En nuestro país hay especialistas que aplican estas nuevas metodologías eficazmente, que pueden ayudarnos a descargar el equipaje emotivo del pasado y aportarnos equilibrio en el sistema cuerpo-mente.

LA EXPRESIÓN DE LA CARA

LA FUERZA DE LA SONRISA

Un antiguo proverbio chino reza: «Un hombre que no sabe sonreír no debería jamás abrir un negocio». Ya en la Antigüedad se comprendía la importancia de sonreír y cómo la sonrisa favorece el consenso. Ahora sabemos que, además de facilitar las relaciones con los demás, la sonrisa mejora las relaciones con nosotros mismos. De hecho, se ha descubierto que sonreír eleva el nivel de endorfinas, que fueron definidas por su descubridora, Candace Pert, como «las moléculas de las emociones» o bien las sustancias que nos ponen de buen humor. Además, algunas investigaciones sostienen que nadie puede evitar no sonreír

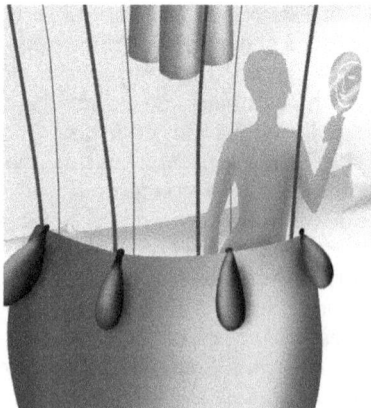

frente a un bebé sonriente (reflejándonos en él, podríamos decir que se trata de un gran y bello modo de comunicar). Cuando una persona nos sonríe de modo sincero, no necesita decirnos muchas palabras para explicarnos su estado de ánimo. Me gusta la idea de transformar el dicho «Una imagen vale más que mil palabras» en «Una sonrisa vale más que mil palabras». Del mismo modo que una persona que sonríe nos comunica alegría, también nosotros, cuando sonreímos, estamos comunicando alegría a los demás y, sobre todo, a nosotros mismos. Es conveniente, pues, sonreír, porque la sonrisa pone en funcionamiento una serie de músculos en torno a los ojos, las mejillas, el cuello, las sienes..., de toda la cara, en fin, y lo más fantástico es que estos músculos mandan señales bioquímicas de alegría al cerebro.

Conviene que nos detengamos brevemente sobre el siguiente punto: se han llevado a cabo numerosas investigaciones sobre el modo en que la conducta y el comportamiento influyen negativamente en el cuerpo, sobre cómo se desarrollan las enfermedades psicosomáticas y cómo funciona la estrecha relación entre mente y cuerpo. Lo sorprendente es que sólo desde hace poco tiempo se ha empezado a investigar el efecto contrario, es decir, la existencia de una relación positiva entre mente y cuerpo y sobre cómo es posible actuar sobre los aspectos que conciernen a la fisiología para conseguir una mejora de nuestro estado de ánimo y obtener consecuencias positivas en la salud física. Ya es conocido que se puede sanar de diversas enfermedades a fuerza de reír. Leer libros divertidos y ver películas cómicas ponen al enfermo en condiciones de mejorar sus propias representaciones mentales y de mandar mensajes positivos al cerebro, produciendo así cambios sorprendentes, incluso desde el punto de vista físico.

Afortunadamente, se está difundiendo la risoterapia. Desde que Patch Adams restó austeridad a la medicina añadiéndole un componente divertido, en muchos otros hospitales los médicos han decidido seguir su ejemplo. Además, cada vez es menos raro encontrar a médicos que se enfundan en trajes de payaso y regalan alegría a sus pacientes. Parece que, finalmente, se ha abierto camino a la concienciación de que el buen humor mejora el estado de salud de los enfermos. Sin embargo, todavía no se ha difundido una concienciación de cómo la sonrisa puede ser un instrumento, muy útil y potente, tanto para permanecer sano como para curar.

No es necesario esperar a enfermar para adoptar la terapia de la sonrisa, sino que es posible utilizarla siempre, de modo preventivo, varias veces al día. Se trata de una terapia que no presenta contraindicaciones y no cuesta dinero. Acostúmbrese a regalar a su gigante muchas sonrisas al día; verá que después de un tiempo se habituará a recibirlas y sacará provecho de ello, tanto usted como los que estén a su alrededor.

Sabemos que las personas tristes tienden a rodearse de gente triste, mientras que las personas alegres atraen a personas alegres (contrariamente a lo que se piensa, no es verdad que los opuestos se atraigan siempre). Si se acostumbra a sonreír, se dará cuenta de que tenderá a rodearse de personas llenas de entusiasmo y de energía y, si lo piensa bien, son justamente estas personas las que pueden ayudarle en la consecución de sus objetivos.

Su estado de ánimo atrae a sus compañeros de viaje, y por eso es importante prestar atención a las emociones que quiere vivir y acostumbrarse a sonreír.

UN ACTOR EN EL BAÑO

¿Ha oído decir alguna vez que los actores se colocan delante de un espejo y empiezan a hacer muecas al que está al otro lado? Desde hace tiempo, los actores adoptan esta técnica para practicar el uso de expresiones que transmitan intensamente al público el estado de ánimo deseado. El resultado es muy positivo, porque así consiguen ensimismarse en el personaje y viven sus emociones como si fueran las suyas propias.

Recuerde siempre que lo que comunica a los demás se lo está comunicando también a usted mismo. El gigante que tiene en las manos está siempre a la escucha y, dado que también es un niño, no considera si lo que dice es verdad o mentira: lo toma por bueno y hace lo que hace usted, igual que el niño que, viendo cómo se afeita su padre, intenta hacer lo mismo sin cuestionarse si tiene barba.

Acostúmbrese, pues, a usar expresiones faciales que le pongan de buen humor. ¿Le da vergüenza? Entonces enciérrese en el baño y hágalo delante del espejo, mostrando a quien tiene enfrente lo simpático que sabe ser cuando quiere, e intente buscar la mayor variedad de humor.

De este ejercicio cotidiano pueden derivarse muchas cosas positivas: en primer lugar, se acostumbrará al buen humor y, en segundo lugar, mejorará la comunicación con los demás. Además, su rostro dará mayor fuerza a sus palabras, y recuerde que, para conseguir los objetivos, un buen sistema consiste en estar extremadamente convencido y ser extremadamente convincente.

LA RESPIRACIÓN

LA RESPIRACIÓN DE LA VIDA

Las personas podemos estar sin comer treinta días, y sin beber, tres, pero no podemos estar sin respirar más de pocos minutos. Habitualmente, esto es algo en lo que no pensamos, porque se trata de un proceso automático e inconsciente: nuestro gigante ya piensa en ocuparse de la respiración y, por lo tanto, no nos detenemos a comprender cómo y cuándo respiramos. No obstante, la respiración no es simplemente una de las funciones del cuerpo: es la más importante. Respirar es lo primero que hacemos al nacer y lo último al morir. *Inspirar* significa, de hecho, hacer entrar en nosotros el espíritu, es decir, la vida.

Una buena oxigenación, debida a una correcta respiración, además de oxigenar todas las células de nuestro cuerpo mediante la sangre, es la responsable del funcionamiento del sistema linfático. La linfa presente en nuestro cuerpo es cuatro veces superior a la sangre, rodea cada célula y se ocupa de llevar alimento y de eliminar las sustancias de desecho. El sistema linfático está vehiculado y mantenido en movimiento sobre todo por la respiración. Así pues, podemos comprender con facilidad que, si no respiramos profundamente, no damos oxígeno a las células ni las limpiamos de las sustancias de desecho. Las células, si no son oxigenadas eficazmente, mueren o se transforman en células tumorales.

Algunos investigadores han verificado esta hipótesis, retirando células sanas de ratas y teniéndolas durante algunas semanas bajo dos campanas de cristal. En la primera de estas, la cantidad de oxígeno era similar a la del ambiente, mientras que en la segunda se quitaba oxígeno durante periodos de algunos minutos. El resultado es que en la primera campana las células se mantienen perfectamente sanas, pero en la segunda mueren en gran cantidad. A continuación, las células fueron inyectadas de nuevo en las ratas, y las que alojaban células poco oxigenadas desarrollaban tumores, mientras que en las otras se mantenía un estado de salud normal.

En la sociedad moderna, la mayor parte de las personas no se preocupa de la respiración, y vemos con frecuencia a personas que respiran de modo superficial y poco profundo. Esto provoca un daño a nuestras células, que mueren prematuramente. Imagine que coge una vela encendida y la mete bajo un vaso. ¿Qué le sucederá a la vela? En poquísimo tiempo se apagará. Esto es exactamente lo que les sucede a nuestras células si no les proporcionamos suficiente oxígeno. ¿Por qué, pues, respiramos frecuentemente de un modo tan superficial?

MIEDOS Y BLOQUEOS RESPIRATORIOS

Cada cambio de nuestros estados mentales se refleja en la respiración y después en el cuerpo. Este fenómeno funciona también a la inversa: cambiando los esquemas de respiración se altera del mismo modo el estado emotivo.

DEEPAK CHOPRA

Cuando nacemos podemos experimentar nuestra primera emoción y llorar sólo después de haber introducido por primera vez aire en nuestros pulmones.

La respiración es la cantidad de aire que introducimos en los pulmones y está estrechamente ligada a las emociones que sentimos. De hecho, nuestro modo de respirar refleja nuestro modo de vivir y una respiración tensa es la consecuencia de tensiones en nuestra vida.

Frecuentemente oímos decir que alguien tiene un ataque de pánico: «Tengo un nudo en la garganta» o «Me he quedado sin respiración» o, incluso, «Me falta el aire». ¿Por qué se utilizan estas expresiones? Porque todas las emociones, sobre todo las negativas (miedo, pánico, etc.), están ligadas al bloqueo respiratorio. Retenemos la respiración cada vez que debemos afrontar algo difícil que, de algún modo, nos da miedo. Podemos decir que todas las veces que tenemos miedo nuestra respiración se acelera o contenemos el aliento.

EN EL SUPERMERCADO

Un día estaba en el supermercado y vi a una señora con un niño que no paraba de chillar porque quería un juguete. Gritaba sin cesar: «Mamá, cómpramelo, cómpramelo, cómpramelo», hasta que la señora se puso nerviosa, contuvo la respiración y, tras unos segundos, espiró sonoramente y decidió contentar al hijo. Desde entonces, me he dado cuenta de que una persona que tiene que tomar una decisión contiene la respiración y, cuando ha decidido, espira de modo liberador.

Al observar a un bebé respirando, podemos ver que su abdomen se llena por completo en cada inspiración, pero, a medida que el niño crece, encuentra los primeros obstáculos y los primeros miedos, empieza a cambiar la respiración, disminuyendo progresivamente la cantidad de aire introducida en los pulmones. Si se continúan produciendo situaciones de malestar y de miedo, un individuo empieza a convertirse, primero, en una persona preocupada y, después, en una persona ansiosa.

Según su opinión, ¿cómo respira una persona ansiosa? ¿Profundamente? ¿Tendrá las células sanas? Hemos visto que es muy fácil hacer enfermar a un cuerpo, pero, como siempre, existe también la otra cara de la moneda: si es verdad que su estado de ánimo influye en su modo de respirar, también lo es que si aprende a respirar de modo correcto, su estado de ánimo sacará provecho de ello, redescubriéndose a sí mismo en posesión del entusiasmo, la alegría y la vitalidad de un niño. Recuerde que cada vez que no consigue sus objetivos, en el camino entre usted y ellos, aparecerán los miedos, y cada vez que tenga miedo, contendrá la respiración.

A continuación, se muestra un método que le permitirá obtener, como mínimo, dos beneficios con un solo ejercicio. El primero concierne a la salud de sus células, agradecidas por el oxígeno que obtendrán y que le proporcionarán, a cambio, una buena salud física; el segundo beneficio es que, poco a poco, conseguirá soltar los nodos emotivos ligados a los bloqueos respiratorios. Debe ejercitarse una vez al día durante un mes. Cuando realizar el ejercicio se convierta en una costumbre y haya constatado personalmente sus beneficios, querrá experimentarlo incluso más veces al día.

ENERGÍA DE LA RESPIRACIÓN CONSCIENTE

Se trata, ante todo, de adquirir conciencia del modo en que respiramos, porque sólo cuando sabemos cómo se hace una cosa, podemos cambiarla. Hay que seguir los siguientes pasos: las primeras veces es aconsejable hacer el ejercicio tumbado por si se nota algún mareo u hormigueo. No hay que preocuparse, porque si sucede será una buena señal, significa que nuestro cuerpo está reaccionando bien y nuestras células todavía no están muertas del todo. Por lo tanto, echados y con la boca siempre abierta, introduciremos aire hasta que se hinche el abdomen, de modo que el diafragma se extienda por completo, y después la zona pectoral, de abajo arriba. Una vez que hayamos introducido completamente el aire, lo soltaremos por la boca sin pausas. La respiración debe seguir un movimiento circular y continuo. Empezaremos con treinta respiraciones y cuando estemos acostumbrados pasaremos a cien respiraciones al día. Hay que tener en cuenta que para concluir el ejercicio son necesarios sólo unos cuatro minutos, el tiempo que dura una canción.

Esta técnica proviene de una metodología denominada *Transformational Breath,* que, aunque es muy eficaz, todavía resulta muy desconocida en nuestro país.

LOS BENEFICIOS DE LA RESPIRACIÓN CONSCIENTE

Algunos estudios demuestran que el 75 % de las toxinas de nuestro cuerpo son eliminadas a través de la respiración, y el sistema que acabamos de ver potencia ulteriormente su eliminación. Este método permite sentirse lleno de energía y salud. Parece, además, que nuestro cerebro tiene más necesidad de sangre y oxígeno que cualquier otro órgano, y de este modo lo sostenemos, proporcionando a las células cerebrales los alimentos necesarios para vivir mejor y tener mayor lucidez mental y prontitud.

Frecuentemente, durante el ejercicio de la respiración, se sueltan las tensiones físicas y emotivas sin revivirlas conscientemente y, por lo tanto, son muy simples de superar. En este caso, se disuelven también los miedos que nos impiden alcanzar nuestros objetivos. Me parece que los beneficios son realmente muchos, por lo que no queda más que experimentar el ejercicio en primera persona. Para resumir, es suficiente con que nos acordemos de:

- respirar profundamente siempre que podamos;
- hacer cada día una buena tanda de respiraciones conscientes (cien respiraciones).

SALUD Y FORMA FÍSICA

¿Confiaría en salir con el globo si supiera que no está en perfectas condiciones y no le practicara ningún tipo de control? La respuesta es obvia: ¡rotundamente no! ¿Cómo trata a su cuerpo? ¿Lo alimenta bien? ¿Descansa lo suficiente? ¿Está en forma? Si las respuestas a estas preguntas son un sonoro «no», querido amigo, corre el riesgo de hacer peligrar el éxito de su viaje. Todo lo que ha aprendido hasta ahora podría ser inútil si después no tiene cuidado de su cuerpo. No quiero trastornar sus hábitos alimentarios o enviarle al gimnasio cada día; sólo deseo que preste atención a cómo está gestionando su salud. Usted es como la gallina de los huevos de oro y está en disposición de producir dinero, de conseguir objetivos y de realizar sus sueños. Acuérdese siempre de que todo esto lo puede hacer sólo si su salud se lo permite. Imagino que, cuando va a la gasolinera a llenar el depósito de su coche, está atento a lo que hace y se asegura de no poner gasoil si el coche es de gasolina, o viceversa. Piense qué sucedería si se equivocara de carburante: tras varios kilómetros se rompería el motor del coche y tendría que ir a pie.

¿Presta la misma atención a lo que introduce en su cuerpo o bien piensa que su coche tiene un valor superior a usted mismo? También para una persona es importante mantenerse en movimiento mediante el ejercicio físico. De hecho, no podemos estar aparcados en el garaje y después pretender que nuestro cuerpo nos sostenga en el viaje de la vida.

AGUA Y VIDA

El agua es el elemento vital de nuestro planeta. Las primeras formas de vida, las algas, aparecen en el medio acuático. Cuando se descubren recursos de agua en otros planetas, se formulan hipótesis sobre la presencia de alguna forma viva. En definitiva, parece claro que la vida no existiría sin el agua.

Nuestro cuerpo está formado por un 80 % de agua y, para mantenerlo en perfecta forma y eficiencia, debemos hidratarlo bien. ¿Significa esto que tenemos que beber muchísima agua? No necesariamente: si bien es algo grato para el organismo, es difícil beber si no se tiene sed. Además, a menudo el agua que llega a nuestras casas no es de buena calidad y contiene distintas sustancias, como cloro, flúor y otros componentes tóxicos. Además de beber agua cuando se tiene sed, hay que tomar alimentos ricos en agua, como fruta y verdura.

En la actualidad todos los médicos están de acuerdo en que una alimentación sana, a base de fruta y verdura, ayuda a mantenernos alejados de enfermedades cardiovasculares, tumores, etc. Además, nutriéndonos con alimentos de alto contenido en agua, obtenemos una mayor fluidez en el interior del sistema circulatorio; esto favorece un mayor flujo de sangre oxigenada al cerebro, con efectos positivos sobre la capacidad de concentración, de lo que deriva una mayor eficiencia operativa.

Esto no significa que debamos alimentarnos única y exclusivamente de fruta y verdura, pero estas deberían representar, al menos, el 50 % de lo que ingerimos a lo largo del día.

¿ALIMENTOS MANIPULADOS? NO, GRACIAS

¿Sabe de qué color es la menta? Su respuesta será «verde», como es obvio, porque esto es lo que nos han hecho creer durante mucho tiempo. En realidad, si observamos el jugo obtenido de las hojas de menta, veremos que su color natural es blanco.

¿De qué depende entonces el color verde de un helado de menta, por ejemplo? De los colorantes. Si reflexionamos un poco, nos daremos cuenta de que en las tiendas un alimento tan simple como un polo está elaborado con sustancias que no tienen nada que ver con la genuinidad del producto.

Los colorantes podrían no hacer particularmente daño, pero lo más seguro es que tampoco hagan ningún bien. Acostúmbrese a leer las etiquetas de los alimentos que introduce en su cuerpo, y preste atención al carburante que mete en el vehículo que le conducirá durante toda la vida.

Personalmente, me suelo maravillar con frecuencia de ver cómo algunos alimentos soportan tantas elaboraciones y transformaciones para no llegar a ser ni siquiera parientes lejanos de los ingredientes originales.

COMER MENOS PARA VIVIR EL DOBLE

¿Qué ocurre si en un estómago que puede contener dos puñados de comida introducimos una cantidad cinco veces superior? Naturalmente, se sentirá obstruido y se cansará más a la hora de digerir toda esa comida. Pero ¿dónde encontrará la energía necesaria para realizar un esfuerzo tan grande? Pedirá ayuda a los otros órganos, que, a su pesar, se privarán un poco de su funcionalidad para echar una mano al estómago atorado. También el cerebro contribuye a ello y, por eso, tendemos a adormecernos después de una comida abundante. Cada vez que experimentamos cansancio, somnolencia o el famoso deseo de acostarnos después de comer, significa que hemos ingerido una cantidad de comida excesiva y estamos sobrecargando de trabajo al estómago.

La cantidad de comida que ingerimos cotidianamente es inversamente proporcional a nuestra eficiencia. Esto no significa que debamos renunciar a comer, ya que como mediterráneos, somos amantes de la buena cocina y es difícil resistirse a las innumerables tentaciones gastronómicas de nuestras mesas. Sin embargo, es aconsejable levantarse de la mesa con un poco de hambre.

Numerosos estudios han manifestado que la ingesta de una cantidad de comida excesiva reduce en un modo considerable la duración de la vida. Por lo tanto, si queremos vivir mejor y más tiempo, comeremos un poco menos. Lo que comemos tiene una importancia evidente y sería inútil comer la mitad si sustituimos alimentos sanos por dañinos, superalcohólicos o comida basura de distinto género.

Así pues, comer menos nos permitirá vivir más tiempo que si comiéramos el doble.

Coja un alimento que lleve una etiqueta donde aparezca escrito con grandes letras «frutas del bosque» y compruebe cuántas frutas del bosque contiene realmente. Verá que las «frutas» presentes son poquísimas y que «el bosque» no lo han visto nunca, ni siquiera en fotografía.

Muchas enfermedades se pueden relacionar con un consumo excesivo e inadecuado de estos alimentos.

Entre los responsables de diversas afecciones aparecen los conservantes, que se emplean en gran medida en muchos productos alimentarios.

Cuando comemos alimentos que contienen conservantes, nuestro organismo se cansa al transformarlos, ya que tienden a impedir el proceso normal de descomposición de la comida. Además, los conservantes tienden a permanecer en nuestro cuerpo e impiden la renovación celular, la absorción de elementos útiles y la liberación de sustancias de desecho.

Arrojemos un poco de luz sobre los alimentos llamados «integrales», como por ejemplo los que utilizan harinas integrales, no cernidas, es decir, no privadas de la parte externa de los granos del trigo, de la cebada, etc. Si las cosechas han sido tratadas con antiparasitarios, estos productos se depositan en la parte externa del grano y, por lo tanto, si no se exfolian, nos arriesgamos a encontrar en los alimentos «integrales» más sustancias químicas que en los denominados «no integrales», a menos que se trate de alimentos procedentes de la agricultura biológica; estos últimos son preferibles, ya que ofrecen una mayor garantía de genuinidad.

Mi consejo es que intentemos comer alimentos que hayan sufrido pocas transformaciones y sean lo más parecidos posible a como los ofrece la naturaleza. Esto no significa que debamos renunciar a los placeres de la buena cocina, sino que tenemos que redescubrir sabores auténticos y genuinos.

Sin embargo, por desgracia, por lo que respecta a algunos alimentos naturales, como la fruta, las cosas no van demasiado bien en la actualidad. Tomemos como ejemplo las manzanas: sabemos que, desgraciadamente, las que llegan a nuestras tiendas han sido recogidas mucho tiempo antes (con frecuencia, cuando todavía están verdes y no se han formado todas las vitaminas) y se hacen madurar en cámaras frigoríficas. De este modo, cuando llegan a nuestra mesa, las manzanas son extremadamente pobres de todos los elementos que nuestro organismo necesita. ¿Qué podemos hacer entonces? Podemos añadir a nuestra alimentación integradores de vitaminas y minerales. Hay muchos en las tiendas, pero debemos prestar atención a que no sean productos de síntesis química, deben estar compuestos por elementos naturales.

SENTIRSE EN FORMA Y SENTIRSE SALUDABLE

¿Qué diferencia hay entre sentirse en forma y sentirse saludable? Existe una diferencia fundamental: hay personas, por ejemplo, que están en una inmejorable forma física, pueden correr y ganar los cien metros en unas olimpiadas, pero no gozan realmente de buena salud. En el pasado hemos visto a diversos campeones en estas condiciones; no sirve de mucho estar en buena forma si no se posee verdadera salud. El ejercicio físico se revela como un medio óptimo para conseguir ambos objetivos, pero, naturalmente, primero se debe prestar atención a conseguir un buen estado de salud y, después, una forma física adecuada.

Existen dos tipos de ejercicio físico: aeróbico (con oxígeno) y anaeróbico (sin oxígeno). En el primero, mientras practicamos la actividad deportiva, logramos tener una buena respiración, mientras que en el segundo, durante la actividad deportiva, hay una respiración superficial, a veces, incluso, ausente.

Cuando realizamos una actividad física en régimen aeróbico nuestro cuerpo consume grasas, que son nuestro carburante; se trata de una actividad muy funcional para nuestro estado de salud. En cambio, si nos animamos a practicar un régimen anaeróbico, nuestro cuerpo empieza a quemar azúcares y reclama sangre a los órganos, como el hígado y los riñones, llevándoles a un estado deficitario y provocándoles daños. No obstante, es posible potenciar la musculatura mediante un esfuerzo anaeróbico, pero primero es fundamental que durante algunos meses se construya una base aeróbica.

Para resumir, es suficiente con que recuerde algunos puntos esenciales:

• al menos el 50 % de los alimentos que coma deben ser ricos en agua;
• levántese de la mesa con un poco de hambre;
• no ingiera comida basura (con aditivos, conservantes, etc.);
• coma alimentos lo más naturales posible (procedentes de la agricultura ecológica);
• incorpore alimentos con vitaminas y minerales;
• haga ejercicio físico para mejorar su salud y su forma física.

CONCLUSIONES

Querido amigo:

Estamos llegando al final de este viaje conjunto y ha sido un verdadero placer compartir con usted algunos de los conocimientos que me han ayudado en mi profesión y, sobre todo, en mi vida. Ahora le toca a usted dar los primeros pasos: tiene la responsabilidad y la alegría de «transformar sus deseos en resultados».

Sé que con frecuencia, cuando se termina de leer un libro, se coloca en cualquier estante. Sin embargo, creo que usted es una persona especial y no guardará sus sueños en un cajón. Tenga confianza, al llegar hasta el final de este libro se ha demostrado a sí mismo que quiere dedicar su tiempo a mejorar su vida, y le puedo asegurar que sólo esto ya me compensa por el tiempo dedicado a la elaboración de este libro.

Me encantaría saber cómo ha dirigido su globo en la dirección de sus sueños. Si lo desea, puede explicármelo escribiéndome o llamándome por teléfono; prometo que le responderé.

Espero que algún día nos podamos encontrar y estrechar la mano, como hacen dos amigos. Hasta ese momento, le deseo los mejores deseos de vivir una vida llena de alegría, amor y éxito.

www.ingramcontent.com/pod-product-compliance
Lightning Source LLC
LaVergne TN
LVHW051351080426
835509LV00020BA/3386